永恒的经典

一生要读的**1000**条

西方谚语

毕军/编

U0783147

天津出版传媒集团

天津科学技术出版社

图书在版编目（CIP）数据

一生要读的 1000 条西方谚语 / 毕军编 . -- 天津：
天津科学技术出版社，2010.8（2024.5 重印）

（永恒的经典）

ISBN 978-7-5308-5838-7

Ⅰ.①一… Ⅱ.①毕… Ⅲ.①谚语 – 汇编 – 西方国家

Ⅳ.① H033

中国版本图书馆 CIP 数据核字（2010）第 126630 号

一生要读的 1000 条西方谚语

YISHENGYAODU DE 1000TIAO XIFANG YANYU

责任编辑：王　璐

责任印制：刘　彤

出　　版：天津出版传媒集团

　　　　　天津科学技术出版社

地　　址：天津市西康路 35 号

邮　　编：300051

电　　话：（022）23332399

网　　址：www.tjkjcbs.com.cn

发　　行：新华书店经销

印　　刷：三河市同力彩印有限公司

开本 710×1000　1/16　印张 14　字数 200 000

2024 年 5 月第 1 版第 2 次印刷

定价：59.00 元

前　言

　　谚语是语言的重要组成部分，被誉为民间知识的总汇和百科全书，它以言简意赅，富含哲理，以形象生动、简洁凝练、质朴明快、含蓄隽永的艺术语言向人们揭示真理、传授经验，使人们从中获得智慧，得到启迪。人们往往可以从一句好的谚语中，领悟到一种做人之道、办事之理。因此，它又被誉为"浓缩的诗歌"。

　　谚语历史悠久，源远流长，它更用于警戒、劝讽、启迪或教育后人，传达出了现实生活中人与人，人与自然、社会之间的和谐关系，反映出世界各民族特有的风俗传统和民族文化。同时，优秀的谚语又总能引人深思，耐人寻味，富有哲理性。

　　同我们东方的谚语比起来，西方谚语也是内涵隽永、具有一定哲理性的智慧之花，能给我们带来许多有益的启示。为使广大读者能更好地了解西方文化，本书从大量的西方国家谚语中精选了磨砺思想、鼓励好学、陶冶情操、教人处世并富有时代气息的谚语1000条，以激发当代青少年奋发向上的精神。

目 录
CONTENTS

风格·美德·情操

为他人而活着的人应该受到尊敬。　俄罗斯

金银虽碎，仍是贵物。　俄罗斯

如果是明珠，放在哪儿也闪光。　土耳其

大海永远不会被蒙上灰尘。　俄罗斯

金子裹满污秽，也不会失去它的价值。　土耳其

宝剑不弯，真金不锈。　俄罗斯

品格高尚受人敬。　土耳其

好心肠的人总是设法给人家提供帮助。　英国

内心纯洁不污，方能泰然自若。　土耳其

纯洁的心——柔软的枕。　芬兰

纯洁的心灵比黄金珍贵得多。　德国

人人为我，我为人人。　英国

一个人的价值，应当看他贡献什么，而不应当看他取得什么。　美国

人只有献身于社会，才能找出那短暂而有风险的生命的意义。　美国

与思想高尚的人为伍的人是决不会感到寂寞的。　英国

愿为别人的危难分忧者，可享受到真正的快乐。　英国

都为自己打算的人群里，出不了英雄。　　俄罗斯

生存不是为了吃饭，吃饭则是为了生存。　　英国

生活犹如一册书，愚者草草翻阅，智者孜孜攻读，因为他知道：他只能读它一次。　　德国

不要想怎么生活就怎么生活，应考虑该怎么生活而怎么生活。　　俄罗斯

谁不能燃烧，就只有冒烟——这是定理。　　俄罗斯

多宽恕别人，少宽恕自己。　　西班牙

有两种生活；一种是燃烧，一种是腐烂。　　波兰

生活中缺乏明确的世界观，生活就成了一种负担。　　南斯拉夫

一个人追求的目标越高，他的才力就发展得越快，对社会就越有益。

俄罗斯

没有目标的生活，就像没有舵的船。　　英国

太阳平等地照耀一切。　　英国

心悦诚服地尊重，对高尚是最好的报偿。　　希腊

不要讥笑比你先倒下去的人。　　俄罗斯

即使你是太阳，也要为人照亮。　　俄罗斯

应当多想自己不如人家的地方。　　土耳其

要像驴子那样，驮的是金，吃的是草。　　英国

要像守护果园的狗那样，自己不偷吃，也不让人偷吃。　　英国

不要患得患失，而要忧国忧民。　　土耳其

对别人的赠物不应挑剔。　　英国

天塌下来也要坚持公道。　　法国

可宽恕待人，不可宽恕待己。　　英国

两腿直立的普通人，比屈膝下跪的名人高大。　　土耳其

磨盘自己不吃，但却把人养活。　　俄罗斯

鸟美在羽毛，人美在学问。　**俄罗斯**

美的事物是永远不绝的喜悦源泉。　**英国**

永远发明某种美的东西，是一种神圣的心灵的标志。　**希腊**

美丽的面孔是一半的好运。　**英国**

如果不被错误战胜，我们的美德更值得骄傲。　**英国**

经得起各种诱惑和烦恼的考验，才算达到了心灵的完美和健康。　**英国**

纯洁的良心比任何东西都可贵。　**美国**

保持一生壮健的真正方法是延长青春的心。　**英国**

即使美德穿着褴褛的衣裳，也应该受到尊敬。　**德国**

地球上最美的花朵是思维着的精神。　**德国**

有两种和平的强大力量，那就是法律和礼貌。　**德国**

唯有心灵能使人高贵。　**法国**

人生，幸福不是目的，美德才是准绳。　**美国**

美德不是寓于舌头上而是寓于心田里。　**欧洲**

英雄，是那些由于心地伟大而伟大的人。　**法国**

生命短促，只有美德能将它留传到遥远的后世。　**英国**

自尊心是一种美德，是促使一个人不断向上的一种动力。　**英国**

做你意志的主人，做你良心的奴隶。　**以色列**

美是道德上的善的象征。　**德国**

真正的美德如河流，越深越无声。　**英国**

美德像奇丽的宝石一样，如果镶嵌得淡雅，就显得更有风姿。　**德国**

致力于想得恰当，这是最好的美德。　**法国**

遵循美德行事，纵使没有增加快乐，也可减轻焦虑。　**法国**

真正的美德是背地里所做的一切事情，都可以公之于世。　**欧洲**

世界上最宽阔的是海洋，比海洋更宽阔的是天空，比天空更宽阔的是

人的心灵。　**法国**

心灵纯洁的人，生活充满快乐和喜悦。　**俄罗斯**

人的一切应该是美丽的，面貌、衣裳，心灵、思想。　**俄罗斯**

人外表的优美和纯洁，应是他内心优美和纯洁的表现。　**乌克兰**

一切时髦的东西总会变成不时髦的，如果你一辈子追求时髦。　**德国**

不能说凡是合理的都是美的，但凡是美的确实都是合理的。　**德国**

谁都不是最完美的人，但是谁都可以在他一生中某些时期里成为一个最完美的人。　**欧洲**

美丽的花如果涌上大街叫喊："欣赏我吧"！它必将失去美。　**英国**

能够讨每个人喜欢的人是不能令人喜欢的。　**法国**

纯朴也是一种美。　**俄罗斯**

情感真，才美；情感美，才善；情感善，才高尚。　**法国**

道德常常能填补智慧的缺陷，而智慧却永远填补不了道德的缺陷。

意大利

道德是永存的。而财富每天都在更换主人。　**希腊**

万事不如美德高。　**英国**

不要从特殊的行动中去估量一个人的美德，而应从日常的生活行为中去观察。　**法国**

耻辱是从我们感觉羞耻的行为产生的一种痛苦。　**荷兰**

罪恶虽可遮蔽美德，但美德仍会显出它的光辉来。　**英国**

躯体的疾病也许证明灵魂的健康。　**欧洲**

和自己的心进行斗争是很难堪的，但这种胜利则标志着这是深思熟虑的人。　**希腊**

纯洁的良心比任何东西都可贵。　**美国**

含苞的玫瑰比盛开的更加可爱。　**英国**

失去了真，同时也就失去了美。　**俄罗斯**

不充分地憎恶恶行的人，不会充分地热爱美德。　**法国**

不要光叫手干净，还要使心灵纯洁。　**美国**

美德是勇敢的，善行则永不胆怯。　**英国**

美德可以打扮一个人，而财富只能装饰房子。　**欧洲**

才能可以在独处中培养，品格最好还是在汹涌的波涛中形成。　**德国**

用道德的示范来造就一个人，显然比用法律来约束他更有价值。　**希腊**

父亲的美德，是孩子最好的继承物。　**英国**

当我们为子孙后代进行规划的时候，应当记着美德不是世袭的。　**德国**

诚实·正直·欺诈

有极多的显得可笑的行为方式，其隐藏的动机却是明智而合理的。
英国

易于许诺的人也易于忘记。　**欧洲**

称得上一个人容易，做一个真正的人却很难。　**俄罗斯**

坦白是诚实与勇敢的产物。　**美国**

天才所攀登的最高峰就是同时达到伟大和真实，真实之中有伟大，伟大之中有真实。　**法国**

诚实为最好的遗产。　**英国**

诚实人的诺言实际上就是他的保证书。　**英国**

一两重的真诚，其值等于一吨重的聪明。　**德国**

诚实和勤恳，应该成为永久的伴侣。　**美国**

说真话是人的崇高义务。　**希腊**

诚实人的话等于契约。　**美国**

诚实不欺，可以遍行天下。　**德国**

命运终于不会屈辱说真话的人。　**土耳其**

忠实地保持高尚的目的，就是一种高尚的事业。　**英国**

正直才能持久。　**德国**

几何以直线为最近，修身以正直为最好。　**欧洲**

正直是美妙的东西，重金买不到。　**欧洲**

人们对上帝也会说闲话的。　**西班牙**

恶语伤不到善人。　**英国**

问心无愧的人无须为自己洗刷。　**英国**

持己端正，不怕议论。　**法国**

只要问心无愧，对旁人的指责可一笑置之。　**英国**

善良的人同羊一样不伤害别人。　**英国**

慈悲永存，容貌易变。　**英国**

自己不愿做的事情，不要让别人去做。　**德国**

诚实为上策。　**英国**

宁为真正诚实的囚徒，不做伪装虔诚的骗子。　**芬兰**

诚实人的日子过得心安理得。　**俄罗斯**

情愿贫穷而正直，不要利润和无耻。　**俄罗斯**

树直用处多，人直朋友多。　**匈牙利**

为了一块不诚实的面包会失掉一千个诚实的朋友。　**俄罗斯**

诚实在市场上不会出卖自己。　**俄罗斯**

世界上只有一样东西是不用语言说话的，那就是诚实。　**俄罗斯**

诚实人不是欺骗者的朋友。　**俄罗斯**

坐下可以弯身，说话须得直言。　**俄罗斯**

好马不会无骑士，正直人不会无朋友。　**俄罗斯**

人的忠诚只有在行动中才看得分明。　**英国**

如果你自身没有真话，就别去他人身上寻找真话。　**俄罗斯**

诚实的敌人比虚伪的朋友好。　**德国**

许多真话往往在开玩笑中说出。　**英国**

我们不愿听到的事实，往往是我们知道了会大有好处的事实。　英国

诚实的人会摇晃，但决不会倒下。　土耳其

诚实人的诺言实际上就是他的保证书。　英国

良心的证明比一百个似是而非的证据还要靠得住。　土耳其

受骗最深的是欺骗自己的人。　丹麦

说谎是堕落的开始。　英国

谎言改变不了事实。　英国

魔鬼是谎言的祖宗。　英国

在弯道上行车走不成直路。　俄罗斯

当人觉得谎言比真话还好的时候，就糟了。　芬兰

会撒谎的人，也会偷东西。　俄罗斯

谎言——贼的武器。　芬兰

有许多动听的言辞里充满着谬误。　英国

用孔雀羽毛装点的乌鸦还是乌鸦。　俄罗斯

再不露痕迹的欺骗也不能持久。　英国

谎言的船开不远。　土耳其

骗子即使讲真话，也没有人相信。　英国

谎言可以走遍天下，却没有人会相信。　土耳其

说谎成性的人，他的证明不可靠。　土耳其

昨日对人说了谎，今天说话无人信。　俄罗斯

你骗人只一次，可骗你自己却是终生。　芬兰

自夸者和撒谎者是孪生弟兄。　英国

奸诈的心总是罩上虚伪的笑脸。　英国

小人在有所需求时说的誓言，一旦得以脱离困境，便会抛到九霄云外。　希腊

菜地里的羊和羊舍中的狼都是信不得的。　俄罗斯

野心就是一切虚伪和谎话的根源。　英国

最爱自我吹嘘的角色常常是最大的撒谎者。　英国

一个谎言家总能找到成百个谎言家搭伴的。　芬兰

谎言像铁上的锈，藏是藏不住的。　俄罗斯

谎话总是越说越多。　英国

流言常与谎言结伴而来。　英国

骗子的口袋里掏出来的尽是谎言。　土耳其

骗子的眼睛无时不淌着泪。　土耳其

哪里没有实话，哪里就没有好事。　俄罗斯

说谎是做贼的第一步。　英国

说谎是迈向断头台的第一步。　英国

宁可粗声大气说真话，不可彬彬有礼去撒谎。　英国

虚伪的人往往能言善辩。　英国

虚假的消息不会留在原地。　俄罗斯

含糊其辞和谎言谬说是近亲。　英国

谁知道它们的事呢，可能狼是对的，而羊是错的。　芬兰

就是点过数的羊，狼也会吃。　俄罗斯

离虚伪远的人，离天堂近。　土耳其

小事不可靠的人，大事也不会可靠。　俄罗斯

可靠的消息来自可靠的人。　俄罗斯

"有人说的"——多半是谎言。　意大利

捏造的事实要编得天衣无缝是做不到的。　意大利

对待诽谤的办法是把它们忘掉。　意大利

手掌蒙不住太阳，谣言毁不了好汉。　俄罗斯

刷黑容易刷白难。　**俄罗斯**

无法理睬人们所有的闲话。　**俄罗斯**

人们对上帝也会说闲话的。　**西班牙**

话是伤不了人的。　**俄罗斯**

恶语伤不到善人。　**英国**

大慈大悲的人不会失掉什么。　**欧洲**

善恶·美丑·是非

行善即是有德。　**英国**

世间万事，美德为首。　**英国**

荣誉是美德的影子。　**英国**

美德是一种无价之宝。　**英国**

美德永远不老。　**英国**

诚实是美德。　**英国**

崇高的品质才是最好的美德。　**英国**

美是道德上善的象征。　**德国**

勇敢和坚定是美德的灵魂。　**英国**

才德有如宝石，最好是用素净的东西镶嵌。　**英国**

明珠不会被丢在地上，善事不会被丢在路旁。　**俄罗斯**

慈善的品质不是可以强求而得的。　**英国**

要是坏人都弃恶从善，人间就将成为花园。　**俄罗斯**

助人过难关是一种美德。　**英国**

一个善良的打算就是半个幸福。　**俄罗斯**

指望人家为你行善，你就不要对别人行恶。　**俄罗斯**

好人好比灿烂的太阳，坏人好比剧毒的蛇蝎。　俄罗斯

善来有善往，恶债有恶偿。　俄罗斯

年轻时没德行，老来就无人尊敬。　英国

父母的美德是子女最大的财产。　意大利

胜利属于以德报怨的人。　英国

纯洁总是同善良在一起的。　芬兰

心中无邪念，行为必端正。　土耳其

不要光叫手干净，还要使心地纯洁。　美国

道德破产，一切皆完。　英国

问心无愧，打雷也能睡。　英国

世上不无好心人，难时总会有人助。　德国

我有德于人，不必记心上；人有德于我，切记莫相忘。　英国

好人的话能使石头溶化，坏人的话能使头脑崩裂。　俄罗斯

好人没有异己之心，坏人没有羞耻之心。　俄罗斯

最后胜利的总不是邪恶，而是真理。　俄罗斯

做人做得好就等于活两辈子。　英国

人不能像走兽那样活着，应该追求知识和美德。　意大利

心灵内的财富是真正的财富。　英国

货好不用人夸。　德国

砍人们乘凉的树是缺德的行为。　土耳其

井的功德只有到井水枯竭时才被人想起来。　德国

见有好事需做，应当勇往直前。　德国

谣言毁不了一个好人。　芬兰

求上帝保佑，不如自己不要作恶。　俄罗斯

不作恶是走向善的第一步。　英国

不受诱惑就能免于罪恶。　英国

黑暗不爱光明，恶棍不爱好人。　俄罗斯

只想到自己的人，必定感到空虚。　英国

利己之心是最坏的顾问。　英国

唯利是图者，胸中无美德。　英国

一次干坏事，就会有两次。　英国

第一个罪恶为第二个罪恶开门。　德国

不要为别人挖陷阱，自己会跌进去的！　德国

别把污秽扔进泉眼，或许什么时候你自己也会喝这泉水的。　英国

邪恶者装出来的美德必定是伪善。　法国

变坏容易变好难。　俄罗斯

恶事不因小而为之。　英国

黄蜂不会酿蜜，坏人不吐善言。　土耳其

歪斜的白桦耐不住积雪，缺德的人不恪守自己的许诺。　俄罗斯

靠不住的人把人家的话当耳边风，可信任的人把人家的话放在心上。

俄罗斯

笨拙的善人比聪明的恶人要好得多。　俄罗斯

一根坏木棍也比一个坏旅伴好。　俄罗斯

山岳是马的磨难，恶行是人的磨难。　俄罗斯

缺德的人会损害朋友的名誉。　俄罗斯

一无可取的人不如一条好狗。　俄罗斯

恶人连死人也要去踩几脚。　俄罗斯

走向地狱的人总要拉人跟他作伴。　俄罗斯

天天同铁锅打交道，难免粘上锅烟，天天同坏人打交道，难免要蒙受
祸患。　俄罗斯

恶言中伤，如石击心。　俄罗斯

天气说放晴就放晴，坏人不能说变好就变好。　俄罗斯

窃贼不喜欢月光，坏蛋不喜欢好人。　俄罗斯

如果你怜悯狼，你的喉管将被狼咬断。　俄罗斯

天气再坏总将过去，恶孽之迹长留于世。　俄罗斯

对付咬人的狗，要么投它以肉骨，要么击它以木棍。　俄罗斯

寻求善要费尽千辛万苦，而恶则不用找就来了。　希腊

醒目和美丽的事物未必都是善良的，但善良的事物都是美好的。　英国

那些偶像穿戴和装饰看起来很华丽，但是可惜它们是没有心的。　希腊

身体的美，若不与聪明才智相结合，只能算是一匹健壮、漂亮的马。

希腊

要是没有内心的美，我们常常会厌恶他漂亮的外表。　俄罗斯

一个打扮并不华贵，却端庄、严肃而有美德的人是令人肃然起敬的。

英国

只有真实的东西才是真正美丽的。　英国

作为一个善良的人死去，比作为一个邪恶的人活着好。　英国

立志·希望·自强

立志是事业的大门，工作是登堂入室的旅程。　**法国**

渔夫爱找水深的地方走，人向美好的境界追求。　**俄罗斯**

没有希望，心也会碎了的。　**英国**

光有希望而无意志，结果必然空空如也。　**英国**

再没有比那些只顾自己鼻尖底下一点儿事情的人更可悲的了。　**英国**

人主要是靠信念而不是靠食物生活。　**英国**

信念是最高贵的财富。　**土耳其**

凡能自强不息者，终能得救。　**德国**

有才智的学生总是力图超过他的老师。　**土耳其**

最可怕的敌人，就是没有坚强的信念。　**法国**

每朵乌云背后都有阳光。　**英国**

黎明之前最黑暗。　**英国**

一个人对于昨天要感到快乐，对于明天要充满信心。　**英国**

思想是行动的种子。　**英国**

理想犹如天上的星斗，我们犹如水手，虽不能到达天上，但

我们的航船可凭它指引。　英国

甚至最坎坷的河流也终于平安地抵达大海。　英国

严冬劫去的一切，新春会给你还来。　德国

有许多花儿开在没有人看的地方。　英国

我们的身体就像一座园圃，我们的意志就是这园圃里的园丁。　英国

人生之要事在于确立伟大的目标与实现这目标的决心。　德国

对于一艘盲目航行的船来说，所有的风都是逆风。　英国

一千个假设抵不上一个事实。　荷兰

愿望只是美丽的彩虹，行动才是浇灌果实的雨水。　英国

小舟不能远航。　美国

船大漂远洋。　土耳其

一个能思想的人，才真是一个有力量的人。　法国

无目标的努力，无异于在茫茫黑暗中远征。　英国

不进取者无所获。　英国

庸庸碌碌的人犹如不结果的树。　土耳其

胜利属于坚忍不拔的人。　英国

有坚强的意志，才有伟大的生活。　英国

坚忍不拔的人才能赢得最后胜利。　德国

顽强与勤勉能克服一切困难。　俄罗斯

凡有一线希望的事情都不要轻易放弃。　英国

满心希望要做的事，是没有一件做不成的。　英国

哪里有坚韧和学识，哪里就会有突破和成功。　土耳其

不屈不挠是取得胜利的唯一道路。　英国

志在山顶，就不会半坡停下。　英国

十九次失败，到第二十次终于成功——这就叫坚持。　英国

大海哪能没有浪！　英国

勇士面前无险路。　英国

通向荣耀的道路总是崎岖不平的。　英国

不历险就不会有成功。　俄罗斯

一点儿险都不冒就一点儿成功都没有。　英国

平静的大海是练不出高明的水手的。　英国

命运靠自己创造。　俄罗斯

又小又柔的水滴却能洞穿坚硬的大理石。　英国

有意志的地方，也就会有方法。　英国

再长的路一步一步也能走完，再硬的石头一点一点也能凿穿。　俄罗斯

每个心中都隐伏着一头雄狮。　土耳其

只要不倦地试验，就没有事做不成。　英国

顽强能引导人们走向幸福。　土耳其

顽强和毅力可以征服世界上任何一座高峰。　英国

卓越的人一大优点是：在不利与艰难的遭遇里百折不挠。　德国

天才就是耐心。　法国

你不怕困难，困难就怕你。　英国

愿意干，就会干。　俄罗斯

逆流之中行船难。　德国

鹰尽管有时飞得比鸡棚还低，可鸡永远也不能飞得鹰那样高。　俄罗斯

希望会使你年轻的，因为希望和青春乃是同胞兄弟。　英国

伟大的目标构成伟大的心灵。　英国

一无所有的人，仍拥有希望。　欧洲

人类最宝贵的财富是希望。　法国

人人都献身于自己所想往和选择的希望。　以色列

如果你没法做你希望做的事，就应当希望做你能够做的事。　欧洲

不要怕变化，因为它是进步不能改变的规律。　欧洲

变化是生活中的唯一香料，只有变化才能使生活产生趣味。　美洲

青春的梦想，是未来的真实的投影。　英国

播动摇篮之手，就是支配世界之手。　美国

过去属于死神，未来属于你自己。　英国

神奇的预言是神话，科学的预言却是事实。　俄罗斯

母鸡的理想不过是一把糠。　罗马尼亚

在时间的大钟上，只有两个字——现在。　英国

只靠希望而生活的人，最终一定会失望的。　意大利

希望从不冷待寻求希望的人。　英国

只要太阳照耀，希望也会闪耀。　德国

没有希望就没有热情。　欧洲

希望是生命的源泉，失去它生命就会枯萎。　美国

希望是不幸之人的第二灵魂。　德国

希望是忧愁的最佳音乐。　德国

一个人向前瞻望的时候，如果看不到一点快乐的远景，他在世界上就不能活下去。　俄罗斯

不要购买你想买的，而要购买你所需要的。　美洲

一个人是否作一句话的后盾，会使那句话的分量有很大的差别。　美国

不要订微不足道的计划，因为它没有使人热血沸腾的魅力。　美洲

艺术家的任务是在没有阳光的时候去创造阳光。　法国

不要把所有特别合意的希望都放在未来。　法国

追上未来，抓住它的本质，把未来转变为现在。　俄罗斯

希望是坚韧的拐杖，忍耐是旅行袋，携带它们，人可以登上永恒之旅。　英国

喷泉的高度不会超过它的源头。一个人的成就不会超过他的信念。

美国

人的理想，像他见到的地平线一样，向它走近一步，它就后退一步。

英国

社会要看到辉煌的成绩，才能承认你的天才。　法国

社会犹如一条船，每个人都要有掌舵的准备。　挪威

不要让昨天占用今天太多的时间。　美洲

没有办法能使时钟为人们重敲已经过去的时辰。　英国

进步是什么？管它叫明天就是。　法国

没有希望就没有恐惧，没有恐惧也就没有希望。　荷兰

上帝如果将所有的门都关上，一定还会留下一扇敞开的窗户。　欧洲

放弃信念，无异死亡。　法国

生命不息，希望长在。　英国

无希望如度无味的生活。　法国

远大的希望造就伟大的人物。　英国

应该让别人的生活因为有了你的生存而更加美好。　俄罗斯

开头就要习惯于在不好的地方也能睡着觉。这是以后不怕遇到坏床的办法。 **法国**

你若要喜爱你自己的价值，你就得给世界创造价值。 **德国**

每一滴露水，在太阳光的照耀下，都闪耀着无穷无尽的色彩。 **德国**

生活的最大危险是心灵空虚。 **欧洲**

假如这个世界非常舒服，天国便不会被认为是最高的理想。 **英国**

老年人有如历史和戏剧，可供我们生活的参考。 **意大利**

把黄金拿在手中，胜于将它放在心上。 **英国**

快乐的人不相信奇迹。 **德国**

向往虚构的利益往往丧失现存的幸福。 **希腊**

突然盲目的人，永远不会忘记留存在他消失了的视觉中的宝贵形象。

英国

敢于奋斗的人，心目中没有什么困难。 **俄罗斯**

为原则而斗争往往比实行原则容易。 **英国**

不管怎样困难，不要求人怜悯。 **希腊**

只要你不计较得失，人生还有什么不能想法子克服。 **美国**

只有把抱怨环境的心情化为上进的力量，才是成功的保证。 **法国**

灾难是人的试金石。 **英国**

危难之中见道德。 **德国**

通过重重危难去寻求不朽，是一件赏心乐事。 **法国**

逆境显露创造能力，顺境隐没创造能力。 **意大利**

顺境并非了无忧虑和厌恶；逆境并非了无安慰和希望。 **英国**

处于顺境中的美德是节制；处于逆境中的美德是坚忍。 **英国**

忧患激发天才，过去埋没天才。　意大利

多刺的荆棘往往长出柔嫩的蔷薇花。　意大利

人生有千百种灾殃，畏惧这些灾殃，才是致命伤。　瑞士

不幸，是天才的晋身之阶；弱者的无底之渊。　法国

如果你太幸运，你就会不了解自己，如果你太倒霉，那就谁也不会了解你。　英国

人们的灾祸常成为他的学问。　希腊

烦恼有如枝叶，很难在它们的浓密处找到快慰的果实。　欧洲

如果说预期中的快乐最大，那么要记住，预期中的烦恼也是如此。

英国

家庭生活一旦以借债为基础，就不再自由而美好了。　挪威

过分希冀他人的同情，轻蔑这一礼物便跟随而来。　爱尔兰

人们应当记住，并不是所有烦恼都是来自天上。　欧洲

不要认为机会会敲你的门两次。　欧洲

对于凌驾于命运之上的人来说，信心是命运的主宰。　美国

不采取新方法的人肯定遇到新困难。　英国

如果骇人听闻的事件每天都发生，就不再骇人听闻了。　欧洲

泪眼看不清道路。　欧洲

从错误中学到的东西，比从美德中到的东西往往还要多。　美国

患难不能使人富，但能使人贤。　英国

金从火中锻炼出来，人从忧患中磨炼出来。　英国

不经苦难，难得王冠。　意大利

不幸是强者的进取阶梯，也是弱者的无底深渊。　法国

乐观者在一个灾难中看到一个希望。悲观者在一个希望中看到一个灾难。　英国

冬天已经到来，春天还会远吗？　英国

你如果要快乐，就应当把忍耐带到你家里去。　英国

勇气减轻命运的打击。　希腊

凡过于把幸运之事归功于自己聪明和智谋的人，多半结局是很不幸的。　英国

常常诉说没有机会的人，其实是些意志薄弱的人。　英国

聪明人创造的机会多于找着机会。　英国

成功的人找方法，失败的人找借口。　欧洲

机会往往因蹰躇而失去。　美国

幸运不是良机，它是辛劳。　欧洲

贤人哲士是绝对不追求运气的，然而他对于光荣却不能无动于衷。

法国

幸运从未使一个人有智慧。　意大利

一个如果不知道做什么的话，他一定做不好什么。　欧洲

逃避困难，就是决断力的丧失。　美国

生活中没有困难，未免过于平淡。　英国

如果我们没有经历危难而得胜。就不是光荣的胜利。　英国

不管生活的基础创立得怎样好，生活总是充满风险。　英国

小孩是经过跌倒，再跌倒，才逐渐长大的。　俄罗斯

今天跌倒的人，也许明天就会站起。　英国

谁笑到最后，谁才是笑得最好。　法国

苦难是最好的老师。　**法国**

灾难是勇敢精神的试金石。　**英国**

最黑暗的时刻也是最接近光明的时刻。　**英国**

一个多雾的早晨仍可能有一个晴朗的白昼。　**英国**

没有云和风暴，就不可能有彩虹。　**德国**

不是什么事情都如人意。　**德国**

失败的人，连做梦的权利都没有。　**澳洲**

事业·交往·处事

事业考验人，事业造就人。 英国

壮志和毅力是事业的双翼。 德国

每事浅尝辄止，结果一事无成。 英国

事贵有始有终。 法国

自己愿挑的担子不觉重。 德国

半途而废者永无事业的成就。 英国

对于一颗意志坚强的心来说，天下无事不可为。 英国

伟大的事业是根源于坚韧不断的工作，以全副的精神去从事，不避艰苦。 法国

小事不认真，岂能成大器！ 英国

从小事开始，以大事结束。 德国

良好的心地是花园，良好的思想是根基，良好的语言是花朵，良好的事业是果子。 英国

树由其果实而得名。 英国

硬胡桃要砸才会破，难事要有本事才办得成。 英国

勤工出巧匠。 英国

雄鹰不捕捉苍蝇。　英国

自认为大材小用的人往往眼高手低。　英国

仿效别人不能成伟业。　英国

工作有苦的根，甜的果。　德国

工作就是医治人类所有顽疾和厄运的最有效的药剂。　英国

能够在处理日常事务上尽责的人才能对重大事件尽责。　英国

只有"热爱"才是最好的老师，它远远超过责任感。　德国

"过得去"是精益求精的敌人。　英国

跨出了头一步，下面的路就好走了。　英国

初战告捷等于赢了半个战役。　英国

会十事，不如精一事。　英国

什么都想一次做完，结果一件也做不完。　英国

在任何时候都可做的事情，往往是在任何时候都不去做的事情。　英国

要指挥别人，自己要身体力行。　英国

要先当好一个部下，然后才能领导大家。　英国

如果你想把事情办得称心如意，就自己动手去做。　英国

如果不能做得像想象的那样，也应该做得能做到的那样。　英国

既然事情值得做，那也就值得做好。　英国

无事业成就的学者，像是无雨的乌云。　俄罗斯

没有实践的科学家，犹如不去酿蜜的蜜蜂。　俄罗斯

自我感觉满足的人，事业上必然空空如也。　英国

拖延不能把应做的事摆脱。　俄罗斯

为金钱工作的人，必为更多的金钱而效劳于魔鬼。　英国

不要蔑视工作，不然工作就会成为负担。　土耳其

没有土壤，播种也是徒劳。　英国

挑担的人才知道担子的分量。　芬兰

工作只怕坚毅的人，并不怕力大的人。　芬兰

不是强力而是愿望推动事业。　芬兰

做事不像讲故事那样简单。　英国

宁可做小事，不可不做事。　俄罗斯

困难的事情不等于做不到的事情。　俄罗斯

如苦无事做，一天都寂寞。　俄罗斯

别夸开头，应夸结尾。　俄罗斯

收成不是靠露水，而是靠汗水。　俄罗斯

为要吃鱼，就得下水。　俄罗斯

工作虽苦面包甜。　俄罗斯

礼貌是聪明的事，无礼是愚蠢的事。　德国

有礼貌的人，能走遍天下。　德国

使人信服的是言辞，而不是黄金。　希腊

人言非剑，但可伤人。　英国

言语能伤人，有时甚于刀剑。　法国

语言不是箭，却能穿透心。　俄罗斯

刀伤有法治，舌伤无术医。　英国

弯腰帮助孩子的人形象最高。　美国

谗言是煽起争论的恶魔。　英国

偏见是无知的孩子。　俄罗斯

骂人是不讲道理的人的道理。　法国

荒诞的流言，犹如凶暴的军队。　欧洲

伤人名誉，等于杀人。　波兰

愤怒会吹熄智慧之灯。　英国

愤怒一旦主宰了人，他的理智就无所作为了。　土耳其

老年人的习惯是在幼年时形成的。　德国

习惯是第二天性。　英国

没有不可救药的恶习。　土耳其

一副好的脸孔就是一封介绍信。　英国

当你伸出两个手指谴责别人时，余下的三个手指恰恰是对着自己的。

美国

品德·修养·知识

但愿你能做大家的朋友，可别成为别人的包袱。　土耳其

不作缺德亏心事，头搭高枕睡得香。　德国

听其音而识其鸟，听其言而知其人。　英国

观其果而知其树，观其行而知其人。　英国

儿子是我自己的，而脑袋是他自己的。　俄罗斯

借而不还，再借定难。　土耳其

品行优良的人才是真正高尚的人。　英国

处死一个人是容易的，而改掉一种恶习则要难得多。　芬兰

曲棍不会投下直影。　德国

随心所欲的人走遍天涯也站不住脚。　土耳其

有时人们也痛恨阿谀奉承，但只是痛恨阿谀奉承的方式而已。　法国

阿谀这家伙虽然没有牙齿，可是骨头也会被它啃掉。　俄罗斯

阿谀是一种伪币，它只有通过我们的虚荣心才得以流通。　法国

阿谀之言，是魔鬼射向心脏的箭。　美国

阿谀比仇恨更危险。　西班牙

奉承的话比杀人的手还狠。　意大利

听着甜言蜜语，连蛇都会从洞里爬出来。　土耳其

善于取悦于别人的人，也就可能是陷入于困境的人。　俄罗斯

如果不顺耳的话就不听，那么虚言假语就流行。　俄罗斯

爱说长道短的人势必撒谎。　英国

谄媚的人都是自私的，想倾听这种音乐必须付钱。　希腊

马屁精向你说奉承话，你最好扭身就走。　土耳其

爱妒忌的人永远不能领略安宁。　土耳其

妒忌是邪恶的开始。　土耳其

妒忌是纷扰的种子。　土耳其

妒忌，是嫉妒者烦恼的根源。　希腊

老想发财的人，连夜里也睡不着觉。　俄罗斯

贿赂和诱惑都不是正派人干的。　英国

拿自己无用的东西送人，并不是真正的慷慨。　美国

对朋友的痛苦置若罔闻的人，对个人的利益往往非常注意。　法国

铁石般的拳头套上了天鹅绒般的手套。　英国

偷了鸡蛋的人，也会偷鸡。　土耳其

偷了牛犊的人，也会偷母牛。　德国

同贼谈得很投机的人，自己也就是贼。　土耳其

狗熊总是倾心于蜂蜜。　德国

惯偷一见好的就眼热，贪者一见大的就谋取。　芬兰

吃偷来的面包长不胖身体。　芬兰

从邻居那里偷来的项链，只能在深更半夜佩戴。　土耳其

跟贼打交道的人，小心连衬衫也会丢掉。　俄罗斯

用人家的羽毛打扮虽然会好看，但终究不过是人家的羽毛。　德国

做坏事不用师傅教。　俄罗斯

放任别人作恶，等于自己作恶。　俄罗斯

毛驴裹狮皮，借以吓同类。　英国

可以喝酒，但别喝醉，可以争论，但别打人。　德国

同狗睡过的人，身上跳蚤必多。　英国

灰尘虽能飞上天，毕竟仍然是灰尘。　德国

不知感激的人吃了你的东西，还吐口唾沫在碗里。　土耳其

对忘恩负义的人行善，犹如向大海泼香水。　英国

锡做的矛头容易折断，不坚定的人容易叛变。　匈牙利

做好一个人比成为一个学者难。　土耳其

生命不可能有两次，但许多人连一次也不善于度过。　德国

生命给人只有一次，但若能好好度过，那么一次也就够了。　英国

衡量生命价值的是思想和行动，并非寿命的长短。　英国

要是好人都聪明，而聪明人都很善良，那么这个世界就会比我们想象的美好得多。　英国

官衔只是金币上的花纹，人才真是真金。　英国

一个人怎样死去是没有关系的，问题在于他怎样去生活。　英国

倘若靠着别人爬进天堂，痛苦胜过进地狱。　英国

如果道德败坏了，趣味也必然会堕落。　法国

征服自己是最难的艺术。　德国

外貌美只能取悦一时，内心美才能经久不衰。　德国

人家有缺点要当面说。　土耳其

待人朴实的人心地都善良。　土耳其

正直人不否认自己说过的话。　土耳其

心口一致的人大家都放心。　英国

沉默寡言的人常常是善于克服困难的人。　芬兰

做人漂亮才是真漂亮。　　英国

果树枝头结实越多，垂得越低。　　英国

自重，自觉，自制——可以把生命引向崇高的境界。　　英国

在困境中保持洁白和尊严，是贤能的人固有的特性。　　希腊

你如不能战胜欲念，欲念就战胜你。　　英国

如果某些在你看来显得难于接受，就把它们当做阿谀加以摒弃吧！

希腊

一个有裂痕的铃铛永远不会响亮。　　英国

避免诱惑，就是避免罪恶。　　西班牙

美丽不借助于粉黛，伟大不借助于吹嘘。　　英国

即使你一人独处，也不要动坏念头和做坏事，在自己面前要比在别人

面前更知耻。　　希腊

一条铁链的坚固程度取决于它最弱的一环。　　英国

满脑子只装着自己的人是最空虚的人。　　俄罗斯

金钱与贪欲，是杀害道德的恶魔。　　意大利

好的舌头不出恶声，好的心肠不想坏事。　　英国

罪恶也许可以隐瞒，但良心将不断惩罚你。　　法国

推卸了责任，却加重了良心的负荷。　　希腊

使你成为别人所需要的人。　　英国

宁愿在所有人之前被一个人说坏话，不愿在一个人之前被所有人说坏

话。　　英国

行动就是忧郁的唯一治疗。　　英国

自寻烦恼者不会寻不着烦恼的。　　英国

首先知道自己可笑之处的人，就不会被人窃笑了。　　英国

许多人听过忠告，只有聪明人深受其益。　　英国

及时援助等于加倍救济。　英国

盲人不会多谢你送给他的镜子。　英国

不要向不幸的人夸耀你自己的幸福。　英国

理智倘不能战胜感情，邪恶便往往将我们引上悬崖。　英国

知足是天然的财富，奢侈是人为的贫困。　希腊

对于刚愎自用的人，只有他自己招致的灾祸才是最好的教训。　英国

小事情不屑干，到头来就会在更小的事上操劳。　德国

心和口不应该分家。　俄罗斯

宁可简简朴朴，不可偷偷摸摸。　俄罗斯

老爱挑剔别人短处的人，忘记了自己也不是个完人。　英国

能看见别人眼中的细草，看不见自己眼中的圆木。　德国

骆驼看不到自己的背曲。　土耳其

自己脸嘴歪，别怨镜子坏。　俄罗斯

自己的错误应牢记；别人的过失应忘却。　英国

视而不见者为瞎子。　英国

讳疾忌医的人找不到良药。　土耳其

不尊敬他人的人不会受到他人的尊敬。　英国

笑别人的人必被人笑。　土耳其

你待人宽厚，人也待你宽厚。　英国

乌鸦认定喜鹊不干净，而自己的嘴壳却沾着屎。　芬兰

当愤怒掩蔽心智时，即不见真理。　德国

壶小易热，量小易怒。　英国

发怒从愚蠢开始，以后悔告终。　英国

即使很有才智的人，也会毁于恼怒之中。　俄罗斯

人一暴怒就失去了判断力。　土耳其

愤怒是个拙劣的谋士。　德国

鲁莽比无知对我们更有害。　英国

别看是谁说的，而要听说些什么。　土耳其

不能用别人的眼睛来看世界。　土耳其

人必自敬，然后人敬之。　英国

对一个没有骨气的人，人们是不会鞠躬致敬的。　芬兰

吹牛的话像啤酒泡沫那样很快就会破灭。　芬兰

得力的猎狗，不会因看见一只松鼠而吠叫不休。　芬兰

你把猪洗干净了，它照样要往粪堆里滚。　芬兰

不要专碰人家的疼处。　俄罗斯

过去的事就让它过去吧！　英国

太阳走到哪里，哪里就明明亮亮；快乐的人走到哪里，哪里就笑声朗朗。　土耳其

自己不懂的事不要去插嘴。　土耳其

骂人是没理人的道理。　法国

不知足的人找不到舒坦的地方。　英国

爱道是非者，定是是非人。　英国

无坚强性格的人像没淬过火的弹簧。　俄罗斯

忠言有利无害。　英国

耐心和持久胜过激烈和狂热。　法国

忍耐是治疗一切苦恼最有效的药剂。　英国

忍耐是苦酸的，但果实是香甜的。　土耳其

忍耐和专心会使我们渡过难关。　英国

忍耐到一定限度的时候，忍耐就不再是美德了。　英国

知识是智慧的火炬。　英国

知识就是飞上天堂的羽翼。　英国

财产是身上的枷锁，知识是心灵的花环。　美国

知识就是力量。　英国

学问是智者的财富。　德国

知识比金钱宝贵，比刀剑锋利，比枪炮威力大。　俄罗斯

没有学识的机智，犹如没有果实的树。　英国

人类有一个暴君，那就是愚昧。　德国

愚昧无知是一个恶魔。　德国

知识是光，无知是黑暗。　英国

无知是智慧的黑夜。　意大利

不吸取知识之光，心灵会被黑暗笼罩。　欧洲

无知是迷信之母。　法国

最糟糕的贫困，莫过于智力贫乏。　土耳其

知识上的"聋"，会导致精神上的哑。　丹麦

知识的价值不在于占有，而在于使用。　希腊

心灵中的黑暗必须用知识来驱除。　意大利

鸟美在羽毛，人类在学问。　俄罗斯

技艺是无价之宝，知识是智慧的明灯。　欧洲

知识像烛光，能照亮一个人，也能照亮无数的人。　英国

生命有限，学问无涯。　俄罗斯

知识比金子宝贵，因为金子买不到它。　俄罗斯

不会毁灭的无价之宝是一个人的学问。　欧洲

积累知识，胜于积累金银。　欧洲

富有臂力的人只能战胜一人；富有知识的人却所向无敌。　乌克兰

无知使畸胎有孕育之所。　美国

知识不存在的地方，愚昧就自命为科学。 **爱尔兰**

人类有一个冤家，那就是无知。 **法国**

无知和无好奇心，是两个很柔软的枕头。 **法国**

世间没有什么比笃实的无知和诚心诚意的愚蠢更危险。 **德国**

最平庸和最无聊的东西会惹人笑，最重要和最深刻的东西也会惹人笑。 **德国**

如果无知是福，那么愚蠢就是聪明了。 **德国**

谁让同一个人骗过两次，谁就该遭毁灭。 **美国**

如果知识不是每天增加，就会不断减少。 **俄罗斯**

谦虚·骄傲·自满

谦逊是真理恒久的同伴。　**英国**

当你站在太阳身边，便无法光芒四射。　**美国**

智慧是宝石，如果用谦虚镶边，就会更加灿烂夺目。　**俄罗斯**

能够掩饰自己的才能，才是最大的才能。　**法国**

如果有胡子就算学识渊博，那么山羊也可以讲课了。　**丹麦**

一个人的真正伟大之处就在于他能够认识到自己的渺小。　**德国**

科学的自负比起无知的自负来还只能算是谦虚。　**英国**

真正的谦虚只能是对虚荣心进行了深思以后的产物。　**法国**

成为伟人是最伟大的，而成为通人情的人则更伟大。　**美国**

对自己不满足，是任何真正有才能的人的根本特征。　**俄罗斯**

缺少谦虚就是缺少见解。　**美国**

只有深刻了解自己的人，才能深入了解别人。　**欧洲**

热情有如河川、海洋，浅者叽叽喳喳，深者便沉默。　**英国**

在谈话中，审慎比雄辩更为重要。　**德国**

晓得怎样隐藏我们的聪明，就是大智。　**英国**

不能接受批评的人没法变得伟大。　以色列

凭借模仿，谁也不会变得伟大。　英国

最好的辩论，听起来只像是在解释事理。　法国

最大的安全莫过于戒惧。　英国

爱你的工作，但不要爱你的业绩。　俄罗斯

一个人不听劝告不好，但若听任何劝告，则是一千倍的不好。　英国

不要试图说些警世骇俗之言，这样的话必定有毛病。　英国

好酒不靠招牌，好货无需吹嘘。　德国

美丽，不借助于粉黛；伟大，不借助于吹嘘。　英国

要和气对待弱者，不要以为威力就是一切。　俄罗斯

聪明的人喜欢学习，可是傻瓜却喜欢教导。　乌克兰

对于不知足的人来说，没有一把椅子是舒服的。　美国

别让骄傲占有你，因为骄傲会使你拒绝有益的忠告和友谊的帮助。

俄罗斯

构成我们学习最大障碍的是已知的东西，不是未知的东西。　德国

不要在荣誉的源泉边孤芳自赏。　俄罗斯

含苞的玫瑰比盛开的更加可爱。　英国

看似无知，往往是最大的睿智。　西班牙

讨教也许会使你感到一分钟的羞耻，无知则是终身的耻辱。　俄罗斯

常问路的人，不迷失方向。　芬兰

再没有比不想听别人话的人更聋的了。　芬兰

用针尖举起大山来，都比从心里根除骄傲容易。　德国

和蔼可亲的态度是永远的介绍信。　英国

自尊心是一个人灵魂中的伟大杠杆。　**俄罗斯**

一个及早看清自己愿望和能力之间差距的人是快乐的。　**德国**

过分出名的名字是何等沉重的负荷呀!　**法国**

纵使你知道一千件事，也要请教知道一件事的人。　**土耳其**

一个伟大人物总是乐意成为渺小人物。　**欧洲**

荣誉，即使是应得的，也有一种坏处，它容易使人忘记生活在社会里必须十分谦虚。　**法国**

最甜美的葡萄吊在最高的枝梢。　**英国**

真正的谦虚，为一切美德之母。　**英国**

骄傲使天使沦为魔鬼，谦逊使凡人仿如天使。　**意大利**

聪明的人不是无论何时都聪明。　**美国**

有许多花儿开在没有人看到的地方。　**英国**

弯下的树枝常常结满了果。　**土耳其**

人人都是无知的，只是在不同的问题上。　**英国**

要知世事奥妙多，需要长期做学徒。　**英国**

无论你起得怎样早，总不能叫天早些亮。　**西班牙**

过锐的刀斧容易钝。　**德国**

一个人往往越有学问，便越是谦虚。　**英国**

飞得高的鸟栖得低。　**俄罗斯**

高飞之鸟不择栖。　**俄罗斯**

乳牛有奶不挂在嘴上说。　**俄罗斯**

多问，才会更聪明。　**德国**

真正的功绩好像河流，河水越深，响声越小。　**美国**

深静之水蕴蓄着奔腾。　英国

聪明博学与夸夸其谈从来不相依为伴。　希腊

懂得多的人说得少。　意大利

勇士严于责己，懦夫怨天尤人。　俄罗斯

最伟大的天才都是隐而不露的。　英国

大海不拒江河。　英国

海洋也说它缺少的仍是水。　英国

知道得最少的人最傲慢。　英国

倨傲者，不爱人，也不被人爱。　英国

要使一个骄傲的人看清自己的嘴脸，只有用别人的骄傲做他的镜

子。　丹麦

自负是进步的敌人。　希腊

人并不因为他自知很差就真的很差。　英国

用慷慨激昂的言语攻击傲慢并不是谦逊的标志。　英国

过分的谦虚无异于骄傲自大。　俄罗斯

骄傲可能会隐揣在破旧的斗篷之下。　英国

自命万事通，无知腹中空。　英国

骄傲在前走，羞耻跟后头。　英国

骄傲是愚蠢的亲戚。　德国

人一骄傲，难免摔跤。　英国

对骄傲的人不要谦逊，对谦逊的人不要骄傲。　美国

自满者，如入绝谷，他不能再进步。　英国

神仙骄傲起来，也会从天上跌到地面。　俄罗斯

自我赞扬玷污了自身。　英国

骄傲快步走，跌跤在前头。　芬兰

所有的狐狸都夸耀自己的尾巴。　俄罗斯

喜欢自我夸耀的人，老爱说他邻居的坏话。　德国

叫得太多的母鸡不会多生蛋。　俄罗斯

多鸣之猫，捕鼠必少。　俄罗斯

空桶发出的声音最响。　英国

最坏的轮子，声音最响。　俄罗斯

拼命抬高自己的人总有一天要一根斗栽到沟里去。　俄罗斯

无米之穗高扬头。　俄罗斯

自吹自夸一大通，端出菜来一小碟。　英国

小土包也认为自己是一座山。　土耳其

傲慢与痛苦的命运相率而行。　芬兰

鹤样的步态不是我们的形式。　俄罗斯

成功决不垂青于自满的人。　美国

尾巴长了，就会被人踩倒。　英国

朝天吐口痰，会吐脏自己的胡子。　俄罗斯

自高自大少一点，知识就会多一点。　俄罗斯

狗坐在干草垛旁说："我的影子多么大！"　俄罗斯

对自己别推崇，对别人莫贬低。　俄罗斯

山羊吃肥了，就想起要跟狼打架。　俄罗斯

在没有刮风之前，小绒毛以为自己是很重的。　俄罗斯

看家都不中用的狗，还急于去打猎。　俄罗斯

大胆者经常不小心，大力士总是很自信。　俄罗斯

骄傲会把你打倒，谦虚能使你站起。　俄罗斯

乌鸦总以为自己的雏鸟最美。　英国

独眼者在盲人中称雄。　德国

公鸡总在自己的粪堆上称雄。　英国

每匹马都认为自己驮的袋子最重。　英国

厨师总爱称赞自己的汤。　英国

磨坊里的牛总以为自己走了很远很远。因为它被蒙住了眼睛。　俄罗斯

老鼠以为没有比猫更凶的野兽。　俄罗斯

驼背的丈夫嘲笑跛脚的妻子。　英国

乌鸦一找到玫瑰花，就把自己当做夜莺夸。　俄罗斯

空车子，响声大。　美国

满瓶不响，半瓶叮当。　英国

溪水哗哗响，深潭却无声。　英国

自命万事通，腹中常空空。　英国

骄傲是跌跤的前奏。　英国

最大的骄傲与最大的自卑都表示心灵的最软弱无力。　荷兰

人之所以犯错误，不是因为他们不懂，而是因为他们自以为什么都懂。　法国

成功一件事，千万不要等待着享受荣誉。　法国

不要把自己看做一粒珍珠，因为那样会使自己有一种被埋没的痛苦。
欧洲

吹嘘自己学识的人，等于宣扬他的无知。　英国

吹嘘和虚伪是一家。　欧洲

很多人自以为在思考，其实只在重新安排自己的偏见。　希腊

愚蠢和傲慢同是一树之果。　德国

一个骄傲的人，结果总是在骄傲里毁灭了自己。　芬兰

凡是夸说自己十全十美的人，是十足的白痴。　英国

自满、自大和轻信，是人生的三大暗礁。　法国

真理·本质·相对

最深刻的道理，是最简单和最朴素的。　英国

真理和玫瑰，周围都有刺。　欧洲

真理面目善良，但衣衫褴褛。　欧洲

真理是永恒的太阳，世人不可能使它迟升。　欧洲

如果它是真理，何必理会是什么人说的呢？　欧洲

在争论中声音最大的不一定有理。　罗马尼亚

真理好比是燧石，它受到的敲打越厉害，发射的光辉就越灿烂。　德国

真理是人生的向导和明灯。　英国

真理不是一种铸币，现成地摆在那里，或拿来藏在衣袋里。　德国

真理就是具备这样的力量，你越是想要攻击它，你的攻击就愈加充实了和证明了它。　意大利

一个社会，只有当它把真理公之于众之时，才会强而有力。　法国

一目了然的真理不费力就可以懂，但是很快就被遗忘了。　意大利

尊重人不应该胜于尊重真理。　希腊

伟人们之所以看起来伟大，只是因为我们自己跪着。　德国

真理既不应当懦怯，也不应当脸红。　欧洲

真理像光一样，它很难谦逊。　德国

真理常常藏在事物的深底。　德国

珍珠是不会浮到水面上的，要寻找它必须冒着生命危险潜到深水里。　法国

在确信真理之前，应当首先热爱真理。　欧洲

真理是一道障碍，但这道障碍却能告诉我们为什么不能通过。　欧洲

尊重真理就是聪明睿智的开端。　乌克兰

即使通过自己的努力而知道一半真理，也比人云亦云地知道全部真理还要好些。　法国

真理不是靠喝彩造出来的，是非不是靠投票决定的。　英国

真理的小小钻石是多么罕见难得，但一经开采琢磨，便能经久、坚硬而晶亮。　英国

真理是灿烂的，只要有一个罅隙，就能照亮整个田野。　白俄罗斯

一切东西都可以仿造，只有真理不能。　欧洲

有许多真理埋藏于戏言之中。　英国

凡在小事上对真理持轻率态度的人，在大事上也是不足信的。　德国

一个在小事上背弃真理的人，决不可托付他以大事。　英国

没有真理，生活是沉闷的。　欧洲

真理是很沉重的，因此只有很少的人肯背负它。　欧洲

我们对真理的最大尊敬是运用它。　美国

在真理面前，任何以权威者自居的人，必将在嬉笑中垮台。　德国

如果不首先依循已知的真理而生活，就不能寻求真理。　法国

那些以自己的判断独排众议的人，要有真理作后盾才好。　英国

真理永不变老。　英国

对真理的追求比对真理的占有更为可贵。　德国

天才所要求的最先和最后的东西都是对真理的热爱。　德国

真理是生活，但不应当从你的头脑里去寻找。　法国

真理的旅行，是不用入境证的。　法国

认识真理的主要障碍不是谬误，而是似是而非的"真理"。　俄罗斯

科学赐予人类的最大礼物是什么呢？是使人类相信真理的力量。　美国

怀疑一切与信任一切是同样的错误，能得乎其中方为正道。　英国

事实总会升起到人们的眼睛，即使用全世界的泥土压住它也是枉然。

英国

真理是时间的女儿，不是权威的女儿。　英国

一个人要发现卓有成效的真理，需要千百个人在失败的探索和悲惨的
错误中毁掉自己的生命。　俄罗斯

不要侮蔑你所不知道的真理，否则，你将以生命的代价重重地补偿你
的过失。　英国

盲人给盲人带路，只能一起掉在沟里。　南斯拉夫

你想征服一切吗？那么就让自己服从真理吧。　意大利

争论而让人感觉愤怒，已不是为真理而争，而是为愤怒而争。　英国

坏话是恶意之人的快乐。　法国

科学是针对狂热或迷信之毒的绝佳解毒剂。　英国

谬误从门缝钻进，真理立于门前。　美洲

相信谎言的人必将在真理面前毁灭。　英国

发现真理而不热爱它的人，就像一只蝙蝠——它的眼睛能分辨太阳，但却不喜欢生活在阳光中。　法国

思考真理而不去实行它的人已错了一半。　美国

认识真理而不敢维护真理的人是懦夫。　英国

对真理没有真诚和热烈敬意的人，谈不到高尚。　法国

一个旧错误常比一个新真理受欢迎。　欧洲

从不收回自己的意见的人，爱自己甚于爱真理。　美洲

从错误中比从混乱中容易发现真理。　英国

否认一次错误，等于重犯一次过失。　英国

如果所犯错误被纠正了，那么曾是错误的道路就变成导致真理之途。　德国

恶徒也认识真理，只是他见了真理就害怕。　英国

追求真理的人不应分国籍。　法国

为真理而斗争是人生最大的乐趣。　意大利

欲望隐蔽了真理，正像黑暗隐蔽了大地一样。　英国

怒气蒙心时，真理便消失。　欧洲

没有真理的地方也就没有荣耀。　英国

真理可能被镇压，但不能被扼杀。　德国

真理常遭灭顶，却从不会溺死。　亚洲

正义如果灭亡，人类就不必生存在这个世界上了。　印度

真理即使没有人支持，也能立足。　欧洲

被压倒的真理终必站起来。　德国

逆境是达到真理的一条通路。　英国

挫折是通向真理的桥梁。　美洲

时间的锐齿能啮尽一切，只是对真理无能为力。　英国

偏见比无知离真理更远。　德国

每向正确理论前进一步，都要和强有力的先人偏见作斗争。　英国

人的天职，在于探索真理。　意大利

真理不需要任何外衣。　欧洲

不加掩饰乃是真理的最好装饰。　美国

真理在无支援之时，也能站得住脚。　英国

讲真理的人往往受到攻击。　德国

无论如何狡猾，谁也斗不过真理。　捷克

真理经得起经验的考验。　德国

领略了真理的真谛，便是摸到了上帝圣袍的边缘。　英国

真理在烈火中烧不灭，在巨浪中淹不掉。　俄罗斯

谎言是一种病，真理却是治病的良方。　英国

真理即使混在一堆谎话里也会显现，就像油浮在水上一样。　西班牙

与其要漂亮的谎言，不如要痛苦的真理。　俄罗斯

相信谎言的人必将在真理面前毁灭。　英国

只有实践的钥匙才能打开真理的宝库。　美国

真理的长河里流淌的是实践的汗汁。　英国

真理是在疑窦中找到的。　英国

真理从各种意见的冲突中来。　法国

人需要真理，就像瞎子需要明眼的引路人一样。　俄罗斯

力量不在气粗，力量在于真理。　俄罗斯

真理是时间的孩子，不是权威的孩子。　**德国**

真理的最伟大的朋友是时间，她的最大的敌人是偏见，她的永恒的伴侣是谦虚。　**英国**

真理是最好的武器。　**德国**

唯有在真理中才可能找到智慧。　**德国**

最深刻的真理是最简单、最普通的道理。　**英国**

人的天职在勇于探索真理。　**波兰**

谎言跑得再快，也追不上真理。　**俄罗斯**

许多好听的言语中充满着谬误。　**英国**

真理大步走近，谎言就得跑开。　**俄罗斯**

谬误一旦横流四方，真理就成为囚犯。　**土耳其**

真理和虚伪水火不相容。　**俄罗斯**

虚假之躲避真理，如黑暗之躲避光明。　**俄罗斯**

小真理能战胜大谎言。　**俄罗斯**

认识真理的主要障碍不是谬误，而是似是而非的真理。　**俄罗斯**

诡计需要伪装，真理喜欢阳光。　**英国**

挚友才对你说使你感到痛苦的真理。　**土耳其**

真理和玫瑰，身上都有刺。　**英国**

许多伟大的真理开始的时候都被认为是亵渎行为。　**英国**

真理像太阳，手掌遮不住。　**俄罗斯**

太阳无论用什么也遮不住，真理无论用什么也压不倒。　**俄罗斯**

把真理投入火中烧不成灰，投入水中不会沉溺。　**俄罗斯**

真理比黄金还重，但能浮出水面。　**俄罗斯**

把麝香掩盖起来，它的香气依然喷溢四方。　俄罗斯

真理可能会蒙受非难，但要凌辱它却不可能。　英国

真理可能被镇压，但扼杀它却不可能。　德国

用拳头不可能扼杀真理。　俄罗斯

抗拒真理是以卵击石。　俄罗斯

跟真理开玩笑犹如玩火。　俄罗斯

不可能把火烧尽，把水熬光，把风窒息，把真理消灭。　俄罗斯

恶意可以糟蹋真理，却无法消灭真理。　英国

如果你埋葬了真理，自己从土坑中也爬不出来。　俄罗斯

真理是不需任何外饰的。　英国

真理往往非常朴素，以致人们不相信它。　德国

为真理而斗争是人生最大的乐趣。　意大利

逆境是达到真理的一条通路。　英国

尊重真理就是聪明睿智的开端。　俄罗斯

一切都会消逝，唯有真理永存。　德国

命运终于不会屈辱说真话的人。　土耳其

爱光明的人就爱真理。　俄罗斯

真理不需要喋喋不休的誓言。　土耳其

真言不需要保证人。　俄罗斯

事实是改变不了的。　英国

正义面前山弯腰。　俄罗斯

各种人都宣扬真理，却不是每个人都热爱真理。　俄罗斯

人人都夸耀正义，但不是每人都能保持正义。　俄罗斯

无真理，则人不是过生活，而是受熬煎。　俄罗斯

真话能巩固友情。　俄罗斯

不说真话的人哪里也不欢迎。　俄罗斯

朋友不是给你擦蜜糖的人，朋友是当面说真话的人。　俄罗斯

正直的话一句就能遏住奔腾的江河。　土耳其

玩笑之中往往包含着半个真理。　芬兰

孩子和傻瓜常常会说出真理来。　芬兰

黑暗敌不过光明。　德国

任何地方都会有太阳升起。　德国

实践是最好的老师。　德国

欲求明珠，必先潜水。　英国

笔写下的，斧头也砍不掉。　俄罗斯

如果弱者的事业是正义的，他能战胜强者。　希腊

天空的蔚蓝色决不会因为盲人看不见而稍有减退。　丹麦

假话是很多的，而真理只有一条。　俄罗斯

偏见比无知离真理更远。　英国

镜子歪，照不出真容来。　英国

丑恶嘴脸不喜欢照镜子。　英国

并不是一切赞美都是好的。对坏事加以赞美则是骗子和奸人的伎俩。

希腊

蜂蜡做的头不能在太阳下走。　英国

正直人的眼睛善于发现问题。　土耳其

煤块就是用水洗也洗不成白玉。　英国

劣质的金子怕检验。　德国

黑马洗不成白马。　俄罗斯

狼披羊皮骗不过牧羊人。　俄罗斯

发亮的东西不都是金子。　英国

上教堂的未必全是圣人。　英国

穿起道袍不一定就是修道士。　英国

吹号角的未必都是猎人。　英国

相貌不中看的人不一定是骗子手。　俄罗斯

狗所吠的不见得都是小偷。　英国

道貌岸然的人难说藏着一颗污秽的心。　英国

太阳揭露了雪下面的污物。　英国

春天会把一切都暴露出来。　俄罗斯

猴子即使当上了国王或牧师，依然还是猴子。　德国

不论黑的白的，镀了金都成一样的颜色。　俄罗斯

河有两岸，事有两面。　欧洲

每一个奖章都有自己的反面。　英国

每件东西各有其反面。　德国

每一粒豆都有黑嘴，每一个人都有自己的弱点。　英国

有白必有黑，有苦必有甜。　英国

有光明必有黑暗。　德国

每朵乌云背后都有阳光。　英国

没有不带刺的玫瑰。　德国

没有不生杂草的花园。　英国

永／恒／的／经／典

Yong Heng De Jing Dian

任何坏事都有好的一面。　**英国**

药草与毒草，生长在同一花园。　**英国**

一个人的佳肴，可能是另一个人的毒药。　**意大利**

天下没有纯粹的快乐。　**英国**

快乐之中往往含有烦忧。　**欧洲**

一无所有的地方，皇帝也失去其权利。　**德国**

一个驼峰断了，另一个也不会有力。　**俄罗斯**

有活着的狼就有死去的羔羊。　**英国**

有其主必有其奴。　**德国**

风平浪静之后是狂风暴雨。　**欧洲**

潮涨必有潮落时。　**英国**

快乐是忧愁的近邻。　**英国**

在福中埋伏着不幸。　**德国**

成功与失败相邻。　**法国**

勇敢·懦弱

丧失财富固属损失，丧失朋友是更大的损失，丧失勇气则无异损失一切。　**西班牙**

大石拦路，勇者视为前进的阶递，弱者视为前进的障碍。　**俄罗斯**

生活喜欢攀登上坡路，脚印只有在高峰才显得明亮。　**比利时**

眼泪有时不是怯懦的象征，而是力量。　**英国**

由于勇敢的坚忍，无可避免的祸患将会被征服。　**欧洲**

理想和勇敢是亲兄弟。　**英国**

勇敢是成功的儿子。　**德国**

勇敢和坚决是美德的灵魂。　**英国**

自信与自靠是坚强品格的柱石。　**英国**

明智之士不为命运所控制的。　**英国**

坚强者能在命运之风暴中奋斗。　**英国**

勇士面前无险路。　**英国**

既然是猎手，就会碰到野兽。　**俄罗斯**

要是怕豺狼，就别进森林。　**俄罗斯**

永／恒／的／经／典

Yong Heng De Jing Dian

风暴会使橡树的根扎得更深。　英国

风和浪跟杰出的海员为友。　英国

被几只苍蝇咬几口，决不能羁留一匹英勇的奔马。　德国

自然对于无形的人是鄙视的，而对于有能力的人才泄露它的秘密。
德国

艺术的大道上荆棘丛生，只有意志坚强的人例外。　法国

勇气在逆境中是光辉。　法国

绝对尽责的人无所畏惧。　法国

只有和苦恼战斗，并且表现出坚忍气概的人，才算是一个顶天立地的
人。　法国

用巧计才能捉住狐狸，凭勇敢才能捉住豺狼。　欧洲

考验一个人的勇气，往往不是看他敢不敢死，而是看他敢不敢活下
去。　意大利

幸运偏爱勇敢的人。　英国

人越勇敢，伴儿就越多。　南斯拉夫

应该相信，自己是生活的战胜者。　法国

感到恐惧，勇气就会消失。　南斯拉夫

世上无难事，只要人肯试。　英国

勇敢的人以生命冒险，不以良心冒险。　法国

具有不寻常的胆识，才可建立不寻常的事业。　欧洲

开发人类智力的矿藏需要由患难来促成。　法国

不敢同冠军作较量的人，就永远得不到冠军。　美国

如果你是懦夫，那你就是自己最大的敌人；如果你是勇士，那你就是

自己最好的朋友。　法国

谨小慎微的科学家既犯不了错误，也不会有所发现。　英国

英雄只死一次，胆小鬼要死十次。　俄罗斯

不要和懦夫商量作战的事情。　以色列

做一个杰出的人，光有一个合乎逻辑的头脑是不够的，还要有一种强烈的气质。　法国

义愤会把一个人的能力全部发挥出来。　美国

懦夫在他真正断气之前，已经死过好多次了。　英国

怕火花的不是好铁匠。　芬兰

说大话的人，常常用大话来掩饰自己的恐惧。　美国

灰心生失望，失望生动摇。　英国

自私怯懦的人常不快乐，因为他们即使保护了自己的利益和安全，却保护不了自己的品格和自信。　法国

勇士在战场上发威。懦夫在家里逞能，　美国

在风平浪静的海上，每个人都可当领航员。　英国

平静的大海决不能造就熟练的水手。　英国

钱失掉了，没有什么；丢掉勇气，那一切都完了。　德国

大敌当前，只有刀剑通向胜利。　匈牙利

怕担风险者不会成功。　德国

果敢无战不胜，刚毅无征不服。　希腊

勇气是上天的羽翼，怯懦却引人下地狱。　希腊

被蛇咬过的人，见了蜥蜴也害怕。　南斯拉夫

勇士不会被敌人从背后杀伤。　土耳其

哪里有勇敢，哪里就有胜利。 **俄罗斯**

英勇造就胜利者。 **俄罗斯**

科学是使人的精神变得勇敢的最好途径。 **意大利**

勇敢的人不怕挫折。 **俄罗斯**

幸运属于勇敢者。 **意大利**

相信自己的道路正确，就勇往直前不回头。 **美国**

铁锤粉碎了玻璃，却造就了无数闪光的锋刃。 **俄罗斯**

勇气减轻了命运的打击。 **希腊**

勇者的眼睛总是炯炯有神的。 **俄罗斯**

勇士的目光比懦夫的箭有威力。 **英国**

勇气在斗争中诞生。 **俄罗斯**

勇敢的冲击，胜利的一半。 **俄罗斯**

勇士心目中没有不能办的事。 **俄罗斯**

勇者挺身出来做主，懦者也会显示胆魄。 **俄罗斯**

取胜不凭数量众多，而是凭着勇敢果决。 **俄罗斯**

齐心的畜群不畏豺狼，勇气犹如铁壁和铜墙。 **俄罗斯**

智慧产生力量，力量产生勇气。 **俄罗斯**

即使是懦夫，绝望之中也能生勇。 **英国**

一百个懦夫替代不了一名勇士。 **俄罗斯**

敌人遁逃时，人人皆勇士。 **英国**

弱者困于环境，智者利用环境。 **德国**

胆小鬼在威吓别人时，嗓门比勇士还大。 **西班牙**

胆怯只能帮助敌人。 **俄罗斯**

勇敢可以夺城堡，果断能够排万难。　俄罗斯

哪里有怯懦，哪里就耻辱。　罗马尼亚

猎手家的小狗不怕虎。　俄罗斯

别人的安慰固然好，自己的勇气更加好。　德国

不冒险什么也得不到。　英国

要摘玫瑰，就不要怕刺。　瑞典

闭眼不看即将来临的危险是愚蠢的。　土耳其

战后之勇，一文不值。　俄罗斯

没有勇气者，不会有欢乐。　俄罗斯

前怕狼后怕虎的人当不了猎户。　英国

勇士战场上逞能，懦夫在家里发威。　俄罗斯

残暴者往往最怯懦。　英国

智慧再多，不等于勇气足够。　捷克斯洛伐克

用大话来掩饰自己的恐惧是可笑的。　美国

胆小鬼说起话来满口豪言壮语。　芬兰

拴住的狮子连兔子也敢去攻击。　土耳其

谁也不怕去拔死狮的胡子。　土耳其

胆小鬼连自己的黑影都害怕。　英国

被烫了手的娃娃老是怕火。　英国

一次被灼，终生怕火。　德国

被熊撕过的人，连树墩也害怕。　俄罗斯

惊弓的乌鸦看到丛林都胆战心惊。　英国

畏惧不能把自己从死亡中拯救出来。　土耳其

探险是崇高的事业，不历险就永远不会有成功。　**俄罗斯**

不计波折多，但望结局好。　**俄罗斯**

光叹气过不了旷野。　**俄罗斯**

怕走崎岖路，别想攀高峰。　**罗马尼亚**

灰心丧气像个海，掉下去就浮不起来。　**俄罗斯**

胆小鬼往往是残忍的。　**英国**

怯于勇气的人必长于奸诈。　**英国**

胆小鬼没有眼睛，眼睛是为勇士而生的。　**俄罗斯**

畏惧只能产生谄媚和虚伪，而丝毫不能产生敬仰和尊重。　**希腊**

时间·机遇

时间就是金钱。　美国

时间是人的财富。　法国

蠢人等时间，时间不等他。　法国

和时代并驾齐驱的人永远年轻。　俄罗斯

除了聪明没有别的财产的人，时间是唯一的资本。　法国

时间是无声的脚步，不会因为我们有许多事情需要处理而稍停片刻。

欧洲

在一切与生俱来的天然赠品中，时间最为宝贵。　德国

时间能使隐藏的事物显露，也能使灿烂夺目的东西黯然无光。　意大利

利用寸阴是在任何种类的战斗中夺得胜利的秘诀。　英国

浪费时间是所有支出中最奢侈和最昂贵的。　美国

不能够建功立业的人，因为把宝贵的时间轻轻放过，必然默默无闻。

法国

时间是伟大的作者，她能写出未来的结局。　英国

没法去找到时间娱乐的人，迟早会被迫找到时间生病。　欧洲

消磨时间不是谋杀，而是自杀。　英国

向今天献出自己的人，没有哪一个昨天是给浪费掉的。　意大利

对未来的真正慷慨在于向现在献出一切。　法国

今天事，今天做，——太阳决不会为你而再升。　法国

不晓得明天该做什么事情的人，不幸的。　俄罗斯

九牛拖不回一分一秒的时间。　欧洲

抛弃时间的人，时间也抛弃他。　英国

谁荒废了时间，时间就会把谁荒废。　英国

把时间变成难耐的是安逸。　德国

如果你当天没有做过有价值的事情，那就应当把这一天看作已经失落。　英国

用"分"来计算时间的人，比用"时"来计算时间的人，时间多五十九倍。　俄罗斯

青春时代是一生中最幸福的时光，但只有老年人才知道这一点。　欧洲

时在须珍惜，对去不再来。　英国

已去之浪不回流，已去之时不再来。　意大利

岁月既往，不可挽回。　英国

无人能唤回已去的时辰。　英国

无人能唤回已逝的昨日。　荷兰

用全世界的财宝，也不能买回已经失去的时间。　法国

珍惜黄金，不如珍惜时间。　俄罗斯

你不能在一日之内享有两个早晨。　英国

沿着"等一等"这一条路，便会走进"事无成"之屋。　英国

时间是最公正的法官。　英国

时间是最伟大、公正的裁判。　俄罗斯

时间能揭露万事。　英国

不要埋首于过去，要把握现在。　德国

珍惜生命就是珍惜今天。　俄罗斯

节约时间就是延长寿命。　西班牙

阳光照耀时应趁机运用。　丹麦

做事要抓紧时机。　法国

过去属于死神，未来属于自己。　英国

向往成功的桂冠，就别空费每一天。　法国

要有好的明天，就得从今天做起。　俄罗斯

今日事今日毕，切勿拖延到明天。　英国

明天还有明天，人们往往如此自慰。　俄罗斯

明天再明天，永远难实现。　乌克兰

忘掉今天的人将被明天忘掉。　德国

不惜寸阴于今日，必留遗憾于明天。　法国

时间能揭穿任何谎言。　德国

时间能教会人一切。　土耳其

时间是最伟大、最公正、最天才的裁判。　俄罗斯

时间是无声的锉刀。　意大利

时间是最大的革新家。　英国

时间既已失去，挽回全无办法。　英国

时间和潮汐都是不待人的。　英国

时间是一条江河，莫让它轻轻在你指尖溜过。　意大利

珍惜光阴可使生命变得更有价值。　英国

不是时间向我们看齐，而是我们向时间看齐。　德国

年轻时光是人的黄金时代。　俄罗斯

守财奴说金钱是命根，勤奋者看时间是生命。　俄罗斯

放弃时间的人，时间也放弃他。　英国

没有一种不幸可与失掉时间相比。　俄罗斯

能够充分利用时间者不会有多余的光阴。　英国

不会利用余暇的人，是不会有余暇的。　英国

善于利用时间的人，永远找得到充裕的时间。　德国

要做一番伟大的事业，总得在青年时代开始。　德国

悲叹唤不回逝去的光阴。　英国

一个今天强似十个明天。　德国

青春的价值到老才看得分明。　土耳其

快乐时光去如飞。　英国

谁游乐无度，谁就没工夫学习。　法国

饶舌的人窃时甚于贼。　英国

节约时间就是延长寿命。　西班牙

事事及时做，一日胜三日。　英国

最大的牺牲莫过于牺牲时间。　希腊

浪费时间是最大的浪费。　俄罗斯

谁要是游戏人间，他必将一事无成。　德国

懒汉从来没有时间。　意大利

睡觉时间一多，干活时间就少。　德国

早晨时光，一刻千金。　德国

青春挽不回，老年难摆脱。　俄罗斯

充分珍惜过年华的人不会怨老。　土耳其

对知道时间价值的人，时间是金库。　俄罗斯

大家都在回顾时间，不过时间是不看任何人的。　俄罗斯

你向上边抛个苹果，在它往地下落的时候，时间也随之过去　俄罗斯

时间是不知道期限的。 **俄罗斯**

射出的箭矢不会归，流逝的光阴不复返。 **俄罗斯**

如果时间不与你和睦相处，那么你去和时间和睦相处。 **土耳其**

人会渐渐老迈，时间不会衰老。 **俄罗斯**

谁不知道时间的价值，谁也不会知道自己的价值。 **俄罗斯**

金钱失落，可以再赚；时间失掉，无法挽回。 **俄罗斯**

有了时间就有了一切。 **英国**

认为任何时间都可以完成的工作，往往反而不能完成。 **英国**

浇地要趁水在时。 **土耳其**

与时代并驾齐驱的人永远年轻。 **俄罗斯**

生命在我们知道它是怎么一回事时已过去了一大半。 **英国**

任何一句话都有它自己适当的时机。 **土耳其**

抓时机要像抓人一样，反手就把要逃走的人的额发抓住。 **英国**

一切事情好在及时。 **俄罗斯**

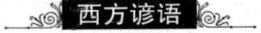

成功·失败·创新

尚未工作即有成功，只有字典上才有。　**德国**

成功的公式：想通了，就去做。　**比利时**

只要做你喜欢的事，成功自然会来。　**俄罗斯**

要成功，就要继续做刚开始就做的事。　**欧洲**

自信和无知，是开启成功的钥匙。　**美国**

成功只是一段旅程，而非目的地。　**意大利**

成功的原因，在于不屈不挠。　**荷兰**

没有比成功更能导致成功。　**欧洲**

你想成功，上帝一定给予，但你要付出代价来。　**欧洲**

不屈不挠是取得胜利的唯一道路。　**英国**

不屈不挠，能胜百难。　**希腊**

不屈不挠的精神，是人生成功的法宝。　**欧洲**

在人生的战场上，唯有日日前进始能获胜。　**英国**

成功，从失败的土壤中顽强出生。　**德国**

成功是不回头的大胆孩童。　**英国**

满怀希望地行进，胜于到达目的地。　**英国**

自信是成功的第一秘诀。　美国

伟大人物的明显标志，就是坚强的意志。　美国

功夫，乃是艺术家最无法转让的财产。　法国

经验和毅力，是成功的双足。　欧洲

成功的诀窍，全在于追求目的一成不变。　欧洲

好动与不满足是进步的第一必需品。　美国

光荣，不在未曾失败，而在失败后复起。　美洲

跌倒，爬起来，就是成功。　英国

导致成功的最大向导，是我们从自己的错误中得到的经验教训。　欧洲

有许多人是用青春的幸福作了成功的代价。　奥地利

哪怕是十九次失败，到第二十次也会获得成功。　欧洲

成功往往是最后一分钟来访的客人。　美洲

恒心是达到目的的最近通道。　土耳其

只要具备了条件，死的石头也能够发出火花来。　法国

最困难之时，就是我们离成功不远之日。　德国

成功最难的事是必须继续保持成功。　德国

通向成功的道路总是在建筑中。　英国

成功太早往往易于毁掉一个人。　欧洲

失败只是向着灿烂的幻想之路的起步。　德国

成功一旦冲昏头脑，就面临失败。　欧洲

太快的有时反而和太迟的效果相等。　法国

过于求速是做事上最大的危险之一。　英国

失败，往往是离成功只差一步时就停下来。　英国

什么是失败？不外是迈向较佳境地的第一步。　美洲

人人都是自己的命运的设计师。　英国

焦虑像一张摇椅：它给你事情做，但却不能使你有所进展。　**德国**

不要把手伸到缩不回来的地步。　**英国**

一个人是在对周围生活环境的反抗中创造成功的。　**俄罗斯**

凡事在成熟前，都是有苦味的。　**意大利**

累累的创伤，就是生命给你的最好的东西，因为在每个创伤上面都标志着前进的一步。　**法国**

时间带来创伤，时间也医治创伤。　**欧洲**

失败是成功的近邻。　**欧洲**

那些最重要的发现往往是受到失败的启示而作出的。　**英国**

失败可使人免于粘上自命不凡的灰尘，陷入自我崇拜的泥泞。　**俄罗斯**

一次高贵的失败有时也会像一次出色的成功那样有益于世界。　**美洲**

胜利和成功往往因为坚持到最后五分钟。　**欧洲**

一切都抓住，一切都失去。　**欧洲**

什么都有，什么也都没有；什么也都没有，却什么都不缺乏。　**美国**

如果你盼望有所成功，就得根据自己的才能。　**俄罗斯**

失败有时会扩展人们的心灵。　**欧洲**

失败有时比胜利更使人洋洋得意。　**法国**

我们的耐心比我们的力量完成更多的事情。　**法国**

轻而易举得来的东西，最容易失掉。　**德国**

希望不正当的得利，那就是损失的开端。　**美国**

不要轻视失败者的劝告；他在不应该做什么的问题上是权威。　**欧洲**

对一颗心的最大考验，是听到敌对者的失败时决不沾沾自喜。　**美洲**

躺在地面上的人是不会跌倒的。　**以色列**

得与失是同胞兄弟。　**欧洲**

为失策找理由，反而使那一失策更明显。　**英国**

如果一种责任感使人感到痛苦，那也会使他能完成奇迹。　美洲

一个人如果从肯定开始，必以疑问告终；如果他准备从疑问开始，则会以肯定结束。　英国

谁笑到最后，谁笑得最美。　俄罗斯

能力是成功必需的一个条件。　英国

成功是勤奋劳动的报酬。　希腊

年轻气锐就是一半成功。　英国

决心成功的人，已成功了一半。　英国

勤俭为成功之本。　英国

好的准备是成功的一半。　英国

坚持和忍耐是成功的诀窍。　法国

失败是唯一通向成功的大道。　英国

没有困难就没有成功。　英国

害怕失败就不会有成功。　俄罗斯

成功的秘诀在于为达到目标而恒久地奋斗不息。　英国

只有坚忍不拔的人能成功地实现自己的志向。　英国

看来最长的道路，往往就是到达目的地最好的捷径。　英国

令你忍受痛苦的事情，可能令你有甜蜜的回忆。　英国

品德是达到成功的决定条件。　英国

成功之道无他，唯竭尽全力去做你的工作，而不稍存沽名钓誉之心。

英国

看破生死者始能成功。　英国

最后获得成功，一切就都光荣。　英国

开始消除恐惧，胜利就会有望。　俄罗斯

在不可避免的失败面前退却，这并不是胆小。　俄罗斯

外表威武没有意义，创造胜利才是好样的。　俄罗斯

朋友相互支持，就能夺得胜利。　俄罗斯

胜利不会现成从天上掉下来。　俄罗斯

胜利不是雪花，不会自然落到头上。　俄罗斯

向前走一步，就向胜利接近一步。　俄罗斯

斗争越是艰苦，胜利越是光荣。　俄罗斯

胜利不是等待来的，而是追赶到的。　俄罗斯

信心百倍，胜利有望。　俄罗斯

英雄似大海：天气恶劣时只会变得更汹涌；懦夫像水洼：风也会把它的水溅出去。　俄罗斯

轻而易举的得胜者，获奖也就微薄。　英国

胜利是勇敢者和智能者的伴侣。　俄罗斯

灰心生失望，失望生动摇，动摇生失败。　英国

哪里缺乏信心，哪里事业无望。　俄罗斯

失败的人往往事后才聪明起来。　德国

不冒险，任何胜利都得不到。　德国

邻人的失败要看在眼里。　英国

胜利者可能被人家战胜。　土耳其

有的时候得即是失。　英国

装进钱包里的不一定都是正当的收入。　英国

胜利者也可能转化为失败者。　土耳其

为了一颗钉子失掉马掌，为了马掌则可能丢失一匹马。　土耳其

你停止尝试之日，是你完全失败之时。　英国

什么叫失败？失败是到达较佳境地的第一步。　英国

绝大多数的失败都是由于缺乏自信。　英国

工作的失败都起于对因果关系的无知。　英国

鱼并不是每次都会上钩的。　俄罗斯

既不要指望自己的运气，也不要指望意外之财。　俄罗斯

勇气是成功的一半。　俄罗斯

指望的不应是顺利，而应是自己的劳动。　俄罗斯

每个人都有错，但只有愚者才会执迷不悟。　意大利

即使你很成功地模仿了一个有天才的人，你也缺乏他的独创精神。

法国

出人头地不是从人群中"跳出来"，而是循着观察、比较和研究的道路走出来的。　俄罗斯

一切真正的天才，都能够蔑视毁谤；他们天生的特长，使批评家不能信口开河。　俄罗斯

贤者常以愚人为前车之鉴。　英国

产生天才的土壤比天才还要难找。　欧洲

为追求黄金、地位而匆忙的人，是和傻子一样的。　德国

蠢材往往把应该引奇耻大辱的事大吹大播。　俄罗斯

模仿往往是使我们迷路的向导。　法国

时髦往往同无知结伴，而无知的时髦则加倍鄙俗。　俄罗斯

一个人可以因为智慧和愚蠢、高尚和卑劣、勇敢和怯懦而同样地著称于世。　俄罗斯

未开化的头脑，并不像未经耕作的原野那样充满野花，它里面长的是恶劣的莠草。　英国

两个错加不出一个正确来。　欧洲

认为自己非常幸福的人，是真的；认为自己非常聪明的人，是蠢的。

阿根廷

天才免不了有障碍，因为障碍会创造天才。　　**法国**

犹豫不决是以无知为基础的。　　**德国**

最好的推断者就是最好的预言者。　　**意大利**

为了确实无疑地相信，必须从怀疑开始。　　**欧洲**

永不做错事的人，往往不能做出任何事情来。　　**法国**

怀疑能把昨天的信仰摧毁，也能替明日的信仰开路。　　**法国**

没有大胆的猜测就不可能有伟大的发现。　　**德国**

目标·志向·毅力

你的志向就是你的机会。　英国

不可放弃你的理想，它们是你风雨中的依靠。　奥地利

对于没有理想的人，生活还没开始就先输了。　美国

河流是不会高出它的源头的。　英国

伟大的灵魂，常寓于平凡的躯体。　英国

理想如生辰，我们要像航海者一样，借星光的位置而航行。　英国

在你成功之前，必须先有目标。　希腊

一个目标的达成，就是另一个目标的开始。　英国

先告诉自己想要成为什么，然后做你该做的。　希腊

目标就是力量。　德国

理想是指路明星。　俄罗斯

壮志与毅力是事业的双翼。　德国

成功是理想和奋斗的结合。　英国

无目标的努力，有如在黑暗中远征。　英国

对于一只盲目的船来说，所有方向的风都是逆风。　英国

无所求则无所获。　**英国**

每个人心中都隐伏着一只雄狮。　**土耳其**

每个士兵都有可能成为元帅。　**法国**

巨轮在深水处航行。　**美国**

哪里有意志存在，哪里就有出路。　**德国**

有伟大理想的人，生活永远闪射着光芒。　**英国**

老人爱回顾往事，少年喜欢展望未来。　**欧洲**

人类最可宝贵的财富是希望。　**法国**

只要还有一口气，就要抱有理想。　**德国**

每天都有新阳光，每人都有新理想。　**英国**

常用的钥匙总是亮闪闪的。　**英国**

常用的铁链不生锈。　**俄罗斯**

常有人打水的井不易干。　**英国**

钢是在烈火和骤冷中锻炼出来的。　**俄罗斯**

平静的湖面，练不出精悍的水手，安逸的环境，造就不出时代的伟人。　**俄罗斯**

一个人要先经过困难，然后踏进顺境，才觉得受用、舒服。　**英国**

人要经过一番苦难才能成才。　**芬兰**

果子只有经过苦涩才能变甜。　**英国**

穿得过熊熊烈火，越得过茫茫阔水——这样的人才会成为济世之才。
德国

教养比天性重要。　**法国**

教养是无价的财富。　**俄罗斯**

被母亲惯坏了的孩子，往往对事业缺乏责任感。　俄罗斯

娇生惯养的儿子会给父亲招来责难。　俄罗斯

教牛犊要趁还能拴住，教孩子得从摇篮开始。　俄罗斯

铁块在炉火中变软，少年在学习中成长。　俄罗斯

智慧和教育是一对孪生兄弟。　俄罗斯

不好的教师是传授真理，好的教师是教学生去发现真理。　德国

母亲的心是孩子的教室。　美国

教育人的工作本身是一门技艺。　俄罗斯

青春是有限的，智慧是无穷的，趁短短的青春，去学无穷的智慧。

俄罗斯

模仿不能成大器。　英国

仅做一个自然的模仿者不能产生任何伟大的艺术品。　英国

人是由教养造成的。　英国

教育之于心灵，犹雕刻之于大理石。　英国

教育的目的在于品德之形成。　英国

青春是一个普通的名称，它是幸福美好的，但它也充满着艰苦的磨

炼。　俄罗斯

没有哪一个聪明人会否定痛苦与忧愁的锻炼价值。　英国

天才所要求的最先和最后的东西都是对真理的热爱。　德国

精神的浩瀚、想象的活跃、心灵的勤奋：这就是天才。　法国

对自己不满足，是任何真正有天才的人的根本特征。　俄罗斯

这不过是花儿，果实将来会有的。　俄罗斯

生来就博学的人是没有的。　英国

没有人生来就会钓鱼，也没有人生来就是艺术家。　英国

并不是所有的芦苇都能制成芦笛。　英国

年轻时只是个小窟窿，临老就是一个大洞，少小缺修养，到老就会败门风。　俄罗斯

及时补上一针，省却将来九针。　英国

实例是最好的教育。　英国

一个傻瓜会培养出一百个蠢人。　英国

头脑简单的母亲培养个头脑迟钝的女儿。　英国

有什么样的牧师，就有什么样的信徒。　英国

父母是孩子的一面镜子。　俄罗斯

有才智的学生总是力图超过他的先生。　土耳其

先长的眉毛不如后长的胡子。　俄罗斯

人来到这个世界，不是为了要服从老朽的东西，而是要创造新的、有理智的、光辉的东西。　俄罗斯

鸟儿虽不大，爪子却锋利。　俄罗斯

没有牧羊人，羊不能成群。　俄罗斯

田野需要犁来耕，羊群需要牧羊人。　土耳其

一个好的榜样，就是一种最好的宣传。　英国

看学生就可以知道先生。　俄罗斯

别说你过去是什么样的人，要说你将来要成为什么样的人。　土耳其

靠父亲的才智成不了学者。　土耳其

节俭的父亲也会养出浪荡哥儿。　英国

善良的父亲也会养出作孽的儿子。　英国

别因阔父亲而高傲，要以好儿子而自豪。　俄罗斯

巨大的河流也是由小溪汇合而成。　英国

吃腐肉的鸢不可能成为雄鹰。　英国

一块石头砌不起一座城堡。　土耳其

无教育的人是无灵魂的躯体。　俄罗斯

船大不怕走四海。　俄罗斯

靠别人的脑袋生活，当然不会觉得困难重重。　俄罗斯

教别人的时候，也是自己学习的时候。　德国

世上不会有两个完全相同的人。　德国

滚动着的石头不长青苔。　德国

事情不会总按人们所希望的那样发生。　土耳其

生活的道路上，有蔷薇也有刺。　英国

逆境对人有益。　英国

烈火能炼金，忧患可炼人。　英国

不曾经历过一次悲伤的人，他只是一个蠢材。　英国

不幸——对人是最好的试金石。　英国

经受过祸患的人能在祸息中学得更加聪明。　俄罗斯

没有艰难的环境，哪里来的英雄？　俄罗斯

金受烈火考验，人受灾难考验。　德国

漂洋过海的人，小河淹不死他。　俄罗斯

天才的道路上荆棘满途。　英国

你不能奢望同时是伟大的，而又是舒适的。　英国

培养天才的学校是没有的。　土耳其

铁匠是打铁打出来的。　法国

铁钻不怕大锤打击。　德国

一次也没有从马背上摔下来过的人不会骑马。　土耳其

青年饱经风霜，老来不畏严寒。　俄罗斯

怕火星的不是好铁匠。　芬兰

麦要磨才会有面，玉要琢才能成器。　俄罗斯

善跑的马虽然难于驾驭，但能练出好骑手。　芬兰

能力同肌肉一样，锻炼才能生长。　西班牙

风暴使橡树的根子扎得更深。　英国

年轻时怎么种，老年时怎么收。　德国

人从少年时代起就要尊重人格。　俄罗斯

好种出好苗，好树结好果。　俄罗斯

小驹犹可练，老马最难训。　英国

最好的马儿要人训，最伶俐的孩子要人教。　英国

小树弯曲，长成大树也不会直。　英国

浑身乱蓬蓬的小马也许会变成一匹骏马的。　英国

母鸡怀里长大的都会用爪刨地。　英国

青年时代努力耕耘，老来才有资格歌唱。　土耳其

老而弱不算坏事，少而腐才是坏事。　俄罗斯

养子不教，家生贼盗。　英国

育子难如凿石。　土耳其

才智不能用棍子打进脑袋里去。　德国

可靠的不是拳头，而是爱抚。　俄罗斯

处罚容易教育难。 **德国**

放纵子女不教育，到头后悔只好哭。 **俄罗斯**

一心追求吃和喝，不思学习人笨拙。 **英国**

年轻人应该有些自由发挥的机会。 **英国**

烈日之下总是肥嫩的枝柯先蔫。 **芬兰**

父母溺爱的孩子任性，主子温顺的仆人强横。 **英国**

肚子太饱，什么也学不好。 **俄罗斯**

走入歧途的人，不可能为别人引路。 **英国**

青年中也有豪杰，老人里也有蠢货，因为不是时间而是教育造就了人。 **丹麦**

用道德的示范来造就一个人，显然比用法律来约束一个人更有成效。

希腊

丫权太多的树长不高。 **土耳其**

当孩子还没有为非作歹的时候，教育还来得及；一旦孩子不破坏物件手就发痒的时候，教育就难了。 **俄罗斯**

楼高须得基础坚。 **英国**

没有打基础的房子垮得快。 **土耳其**

即使聪明绝顶，也要循序渐进。 **俄罗斯**

罗马不是一朝一夕建成的。 **土耳其**

一锹挖不出一口井，一天盖不成罗马城。 **意大利**

向着星星瞄准，总比向着矮树瞄准打得高些。 **俄罗斯**

晚起步胜于一脚不挪。 **俄罗斯**

一本坏书，比十个强盗更坏。 **意大利**

理解，能攻克一切奇险的堡垒。　法国

不尝试就不会知道你究竟能做什么。　英国

习惯好坏，自小养成。　俄罗斯

不受舵指挥者，必死于暗礁。　意大利

丑驹可能长成骏马。　英国

毅力并非跑，而是接连不断地冲刺。　意大利

忍耐与坚持，这痛苦将转化成你的快乐。　丹麦

成功者也许看起来总是跑最后一名，但是通常他们参加的是另一种比赛。　美国

难关只持续一时，勇者能坚持长久。　匈牙利

毅力是病患的最佳药方，任何一种创伤的万灵丹。　德国

耐性是天堂之钥。　土耳其

少量的耐性比大量的大脑值钱。　荷兰

拥有耐性者必能活得长久，而且轰轰烈烈。　意大利

创造任何一项有价值的事物，都必须耗费耐性和心血。　比利时

忍耐是创造希望的技术。　法国

耐性与勇敢可以克服万难。　美国

对别人要有耐性，对自己更要有耐性。　卢森堡

拥有耐性即拥有一切。　美国

耐性是一种包含了无数次等待的美德。　英国

像信心一样，耐心和勤奋可以移山。　德国

要登高的人，开头时必须慢慢地走。　英国

稳定慢行也能走远。　德国

慢而坚持，获得胜利。　希腊

濛濛细雨持续得长久，暴风骤雨一扫即过。　英国

只要有耐心，一定能成功。　法国

金字塔是用一块块的石头堆砌而成的。　英国

滴水不绝可穿石。　英国

滴水穿石不是靠力，而是因为它舍昼夜。　意大利

恒心是到达目的地的最近道路。　土耳其

深厚的积雪，由片片雪花叠成。　芬兰

永不停息的溪水到了大海，寸步不移的雪山仍在原地。　俄罗斯

所有坚忍不拔的努力迟早会取得报酬的。　法国

苦难对于天才是一块垫脚石。　法国

幸福·快乐·忧愁

幸福不是鸟儿，自己不会飞来。　俄罗斯

幸福不会装在篮筐里从天上掉下来。　土耳其

幸福时代的到来不会像睡了一宵就是明天那样。　德国

躺在舒适的床上到达不了幸福的境地。　英国

没有一个能爱人的人被说成是不幸福的。　英国

不是寻找幸福，而是创造幸福。　俄罗斯

幸福是给勇敢者的奖赏。　英国

幸福不会离开勇敢的人儿太远。　土耳其

真正的幸福是用心血和汗水创造出来的。　拉丁美洲

你想成为幸福的人吗？但愿你首先学会吃得起苦。　俄罗斯

经受苦难的人见多识广，历尽惨境的人经验丰富。　芬兰

只有灾难才能教人懂得什么是幸福。　英国

不吃苦味不知甜。　芬兰

过分的欢喜常常会喜令智昏。　土耳其

人不会一生都是走运的。　土耳其

快乐之中处处隐伏着烦恼。　俄罗斯

悲伤总随欢乐走。　德国

同一驾雪橇上坐的，既有欢乐，也有痛苦。　俄罗斯

狐狸的皮毛常常会给狐狸带来灾难。　土耳其

欢呼往往是灾难的亲兄弟。　芬兰

没有懊恼，也就没有快活。　英国

没有春天百花齐放，哪来金秋硕果满枝。　英国

对于坐等幸福的人，幸福远远望他一眼就走开了。　芬兰

世间没有永远不感到快乐的心。　英国

幸福和不幸走着同一条羊肠小径。　德国

幸福和不幸是骑在同一匹马上的。　俄罗斯

灾难给人以智，不给人以财。　芬兰

幸福带来朋友，不幸检验朋友。　德国

和睦的地方就会有幸福。　德国

贪婪和幸福永远不会见面。　俄罗斯

金钱买不到幸福。　俄罗斯

不幸是愚蠢之邻。　俄罗斯

灾难降落不会是和风细雨的，而是暴雨倾盆的。　英国

船员避开暗礁，反而死于沙滩。　英国

掉进了陷坑，狼也得落泪。　芬兰

只有菜园里的稻草人才不知道忧虑。　土耳其

心灵的痛楚比肉体的痛楚更难忍受。　英国

不是所有的痛苦都能向人诉说的。　芬兰

眼泪不能解除痛苦。　俄罗斯

用泪水灌不满大海。　俄罗斯

勤劳能够战胜痛苦的命运。　芬兰

不要嘲笑别人的不幸，自己的不幸可能不比人家小。　俄罗斯

幸福能显露恶德，而厄运能显露美德。　英国

不幸是一所最好的大学。　俄罗斯

苦难对于天才是一块垫脚石，对能干的人是一笔财富，对弱者是一个万丈深渊。　法国

经常诉苦的人得不到人家的同情。　英国

别人的忧伤容易被遗忘。　德国

每个人都知道他的鞋什么地方夹脚。　德国

当新鞋挤得脚难受时，人们这才想起旧鞋的舒适。　英国

有的时候不珍惜，没有的时候要哭鼻。　俄罗斯

灾难算不得耻辱。　芬兰

忧患催人头白。　德国

人在水中遇难，烂棍也作船桨。　芬兰

望睡梦中的幸福，就像望一截朽木。　芬兰

没有一个山头不被雾笼罩，没有一个人不经受挫折。　土耳其

微小的痛苦往往大声嚷嚷，巨大的痛苦则反而一声不吭。　英国

白天因夜临渐暗淡，人会因悲伤而失色。　俄罗斯

忧伤能叫九条命的猫丧命，何况只有一条命的人。　英国

心中的忧愁犹如胡桃中的蠕虫。　俄罗斯

忧伤能蚀心。　英国

心平气和是一大幸福。　英国

人生不能天天都像举行酒宴那样欢乐。　英国

幸福在于能知足。　英国

无忧之地世间无。　土耳其

别笑人家的祸患——自己也会陷入困境的。　俄罗斯

人总是不由自主地要诉说自己的不幸。　土耳其

痛苦不会沉默。　俄罗斯

潮湿毁墙，痛苦毁人。　土耳其

舌头能带给你幸福，也能带给你痛苦。　土耳其

哪里的法律软弱无力，哪里的痛苦就横行无忌。　芬兰

在风暴袭来时，任何一个港口都是好的。　英国

乐观者在灾难中看到一个希望，悲观者于希望中看到一个灾难。　英国

狼捕食动物，但也会被捕。　俄罗斯

有人马上摔下来未伤，有人从驴上摔下来死了。　土耳其

谁羡慕别人的幸福，谁就看不到自己的幸福。　俄罗斯

用马刀不能伤及幸福，用责备不能摧毁暴力。　俄罗斯

幸福来的时候，它不问你是谁。　俄罗斯

有人青年时幸福，有人老年时幸福。　俄罗斯

还在摇篮里的人是最幸福的。　土耳其

在幸福中要用理性，在患难中要用耐心。　意大利

过分的行为导致灾祸。　意大利

每条小河都流向大海，每一个人都寻求幸福。　丹麦

持续的喜悦，是智慧的象征。　以色列

有快乐的心，就有快乐的容貌。　意大利

活着时愉快些，因为你将死得很久。　英国

如果你想以后生活得快乐，现在就不能总是享乐。　欧洲

带泪的微笑是最明媚可人的　没有露珠的早晨算是什么呢？　美洲

并不是每一个会笑的人内心都是快乐的。　欧洲

幸福由避免了的不幸组成。　英国

快乐是忧愁的近邻。　欧洲

有安稳之心，在雷声中也能熟睡。　欧洲

忘掉那些不该记住的东西，也是快乐的源泉之一。　欧洲

世间最快乐的人，是那些因为太忙而注意不到快乐的人。　欧洲

要充分享有快乐的价值，必须有人共享。　美国

幸福的诀窍，并不在于努力得到快乐，而是在努力中发掘快乐。　法国

当你学会如何同别人和谐相处时，快乐就会接踵而至。　欧洲

高兴的心情能使一碟菜成为盛宴。　英国

每一样工作都蕴藏着诉说不尽的乐趣，只是有的人不知道怎样去发现它罢了。　法国

唯有创造才是欢乐。　法国

能够把感情和理智调配得很适当，使命运不能把他玩弄于股掌之间的人，是幸福的。　英国

悲伤的人会在眼泪中找到甜蜜。　意大利

没有什么东西比眼泪干得更快。　德国

必须对生活有信心，然后才能使生活永远延续下去。　法国

要获得幸福必须付出代价。　德国

虚度一世的人决不会快活。　**法国**

学问是苦根上长出来的甜果。　**意大利**

劳动要及时开始，音乐要及时结束。　**法国**

烦恼是心里的一根刺。　**欧洲**

在我们体验到快乐和悲哀很久以前，我们就选择了快乐和悲哀。　**英国**

快乐之被视为快乐，是在它们的过去的时候。而不是在它们将来的时候。　**希腊**

烦恼能把人们联系在一起。　**欧洲**

劳动果实是所有果实中最甜美的。　**欧洲**

一个人没有自然科学的知识就不能享受无瑕的快乐。　**希腊**

快乐不能靠外来的物质和虚荣，而要靠自己内心的高贵和正直。　**法国**

给人幸福的不是身体上的好处，也不是财富，而是正直和谨慎。　**希腊**

处于苦难中的人，把一分钟当做一个钟头；处于欢乐中的人，将一个钟头当做一分钟。　**法国**

让快乐成为你人生罗盘的坐标。　**欧洲**

快乐和尽责是分不开的，要通过尽责来增加自己的快乐。　**美国**

纵声欢唱的人会把灾祸和不幸吓走。　**西班牙**

不和太阳同起的人，会得不到当日的快乐。　**英国**

最快乐的事情莫过于为所当为。　**英国**

快乐有如香水，洒到别人身上去，也会沾到自己身上。　**美国**

心情愉快的人，天天都是节日。　**欧洲**

世界上最快乐的人，是把握住现在。　**欧洲**

心情愉快是肉体和精神的最佳卫生法。　**法国**

人要是发脾气，就等于在人类进步的阶梯上倒退了一步。　英国

笑为力量的亲兄弟。　俄罗斯

快乐，增进人的健康。　美国

悲观的人虽生犹死，乐观的人永世不老。　英国

生气催人老，笑笑变年少。　俄罗斯

智慧·才智·愚昧

世界是船，智慧是帆，思想是舵，好好利用它们，就无事不可成。

土耳其

不自作聪明就是最聪明。 **英国**

从智慧的土壤中生出三片绿叶：好的思想、好的语言、好的行动。

希腊

聪明的头脑有一百只手。 **俄罗斯**

智者喜学，笨汉爱教。 **俄罗斯**

强力也得给智慧让路。 **俄罗斯**

智慧是老年的精神养料，所以年轻时应该努力，这样老年时才不致空

虚。 **意大利**

生活的智慧大概就在于逢事问个为什么。 **法国**

知道自己不足的人，是最有智慧的人。 **意大利**

逆境是智慧的学校。 **英国**

挫折是智慧的保姆。 **德国**

学问是心灵的慧眼。 **英国**

一个智慧的头脑能拯救千万个头颅。　土耳其

智慧是人的财富。　土耳其

付出代价得来的智慧是珍贵的。　英国

智慧在市场上买不着。　土耳其

以别人的失误来改正自己的人是聪明人。　英国

博学的傻子是伟大的傻子。　英国

聪明人说得少听得多。　俄罗斯

聪明人不说他懂了的东西，傻瓜尽说他不懂的东西。　土耳其

聪明人也会从蠢人那里得到忠告。　英国

聪明的头脑懂得退让。　英国

对聪明人骗不了他两次。　土耳其

两份智慧合起来，总比一份智慧强。　俄罗斯

两个脑袋总比一个脑袋想得周到。　英国

四只眼睛总比两只眼睛看得分明。　英国

哪里有智慧，哪里就有成效。　俄罗斯

勤奋是生命的火花，知识是智慧的母亲。　英国

眼睛用以估量，智慧用以审验。　土耳其

靠父亲的智慧成不了学者。　土耳其

观察要用智，倾听要用心。　土耳其

蠢人天天感到无聊，而智者时时在思考。　俄罗斯

聪明人越学越聪明，蠢人不学糊涂一生。　俄罗斯

聪明人决不会两次在同一块石头上绊倒。　俄罗斯

自满是智慧的尽头。　土耳其

聪明人靠自己的事业，傻瓜才靠幻想度日。　土耳其

平静的舌头底下压着智慧的心。　英国

头脑不清醒，双脚不得闲。　比利时

最大的蠢材也可能提出智者不能回答的问题。　英国

智者善听众人言。　英国

使人发光的不是衣上的珠宝，而是心灵深处的智慧。　西班牙

每个智者都有十分糊涂的时候。　俄罗斯

聪明人干起糊涂事来才荒诞透顶。　英国

聪明人想了才说，愚笨人想着就说。　英国

聪明人嘴在心里，愚蠢者心在嘴边。　英国

吃亏得教训，人才变聪明。　俄罗斯

经受祸患折磨人，祸患教人更聪明。　俄罗斯

河流深者不喧，谋虑深者寡言。　英国

大智者的意见常不谋而合。　英国

能从别人的逆境中汲取智慧的人是真正的聪明人。　英国

多少人就有多少份智慧。　俄罗斯

不喝酒的人智多，喝醉酒的人嘴多。　俄罗斯

别看穿的衣裳破，胸中智慧比你多。　俄罗斯

许多人知道很多，却无人知道全部。　德国

聪明人把终点看成起点，愚蠢人把起点看成终点。　英国

没有比沉默更明智的办法了。　希腊

聪明的手不做愚蠢的嘴所说的事。　英国

蠢鱼才上两回钩，智者不上两回当。　英国

眼睛看得很远，思想比眼睛看得更远。　俄罗斯

事后聪明不能挽救事故。　俄罗斯

不滥用聪明，正是聪明的表现。　南斯拉夫

兴趣是不会撒谎的。　英国

多听出智慧，少听要后悔。　英国

智者说话精明机灵，愚者说话不得要领。　芬兰

浪迹人间不会胖起来，却会聪明起来。　芬兰

帆总不能升得比桅杆还高。　芬兰

聪明的头脑懂得退让。　英国

美貌和愚蠢常结为朋友。　英国

石头你骂它，你打它，它也不会给你让路的。　芬兰

愚如牛者，挤出了一大桶鲜奶之后，它会随即把桶一脚踢翻。　英国

愚人的钱财与地位，只会给他带来不测与耻笑。　法国

对一切都要说，而丝毫不愿听：这是浅薄、愚蠢的标志。　意大利

愈是无能的人，愈喜欢挑剔别人的错儿。　爱尔兰

愚笨的危害甚于盗贼。　俄罗斯

笨鼠只知从一个洞出入。　德国

看耳朵可知驴，听说话可知愚。　德国

财产不能使笨儿子变得不笨。　俄罗斯

脑袋中没有的，钱袋中也不会有。　俄罗斯

笨者斥责，而智者评判。　俄罗斯

笨汉不爱聪明者，酒徒不爱忌酒人。　俄罗斯

无智慧的头脑是土墩。　俄罗斯

肩上长个脑袋，不仅为了戴帽。　俄罗斯

不是有脑袋者个个都聪明。　俄罗斯

智慧不论胡须长短。　俄罗斯

才智不在胡子，而在脑袋。　俄罗斯

情愿与智者在一起蹲地狱，不愿与愚人在一起住天堂。　俄罗斯

傻瓜的话有时也中肯。　英国

愚人对自家的事情比聪明人对别家的事情要清楚得多。　英国

愚人总以为旁人比自己更傻。　英国

笨蛋虽笨，但还有比他更笨的人为他喝彩。　德国

一个人可能说话如智者，而行为像愚人。　英国

没有人终身当傻瓜，也没有人终身不当傻瓜。　英国

不要向盲人问路。　土耳其

要想智者同白痴协调是徒劳的。　土耳其

愚蠢的国王犹如头戴王冠的驴子。　英国

傻瓜爱自吹自听。　土耳其

只有愚人才陶醉于自己的如意算盘。　英国

傻瓜总找得着傻瓜做伴。　土耳其

只有傻瓜才以打赌发誓来解决争论。　英国

用不着害怕聪明的仇敌，却要避开愚蠢的朋友。　土耳其

宁做聪明的傻子，不做愚蠢的聪明人。　英国

有一盏指路明灯，就是智慧之灯。　英国

智慧是人的财富。　土耳其

付出代价得来的智慧是珍贵的。　英国

智慧起源于愚蠢的废墟上。　美国

智慧的价值胜于珍珠。　英国

智慧好比登山，登山便可望远。　法国

智慧是命运的征服者。　英国

智慧不凭年龄凭心灵。友谊不在一时在平时。　欧洲

最糟糕的贫困，莫过于智力贫困。　土耳其

天赋是埋藏在矿里的黄金，才能是挖掘矿藏的矿工。　英国

聪明人接触各类知识，但他是精通一门来认识世界的。　欧洲

智慧能使重担变轻。　丹麦

要把你说的全部加以思考，不要将你所想的全部倾倒。　英国

人类的智慧是快乐的源泉。　意大利

智慧是恐惧的解毒药。　英国

决定问题需要智慧，贯彻执行时则需要耐心。　希腊

由智慧养成的习惯，能成为第二天性。　英国

智者知道财富的价值，但富人不了解智慧的快乐。　欧洲

荣誉和财富，若没有聪明才智，是很不牢靠的财产。　希腊

认识日常生活中摆在我们眼前的事物，就是大智慧。　欧洲

头脑冷静的人目光锐利。　欧洲

真正的智慧是知道那些最值得知道的事情，而且去做那些最值得做的事情。　美洲

话语犹如树叶子。在叶子太茂密的地方，难以发现智慧之果。　欧洲

保持身体健康的目的，是使你能获得智慧。　以色列

远见卓识，向好朋友也借不来。　欧洲

智慧在市场上买不到。　**土耳其**

一个有智慧的人遇到问题是不逃避的，一个懦弱的人遇到问题总是退却的。　**德国**

青春和天才携手同行，无疑是世间最美好的景象。　**美国**

如果没有一点神妙的灵悟，谁也不会永远优异。　**意大利**

人都需要娱乐和变换兴趣，以防止变得迟钝、呆滞和智力上的闭塞。

英国

天才就是使纷繁复杂的事物化为简单平易的本领。　**法国**

智慧寓于真理之中。　**德国**

缺乏智慧的蛮力没有价值。　**乌克兰**

头脑缺智慧，好比灯笼没点灯。　**俄罗斯**

以为智慧比美德更重要的人。会失去自己的智慧。　**以色列**

不要卖弄你的所知，它可能少得可怜。　**德国**

财富会带来忧虑。但智慧会导致精神安宁。　**欧洲**

人的自主权深藏于知识之中。　**英国**

强求智慧的人，只会变得愚蠢。　**意大利**

最有智慧的人，就是不相信自己有智慧的人。　**俄罗斯**

智慧就是用最好的方法追求最好的结果。　**法国**

智者能改变心意，愚人则不会。　**西班牙**

失败比成功带给我们更多的智慧。　**葡萄牙**

一个生平不干傻事的人，并不像他自信的那么聪明。　**法国**

智者从愚者学到的，多于愚者学自智者的。　**德国**

逃避愚昧，就是智慧的开端。　**意大利**

为别人的事比为自己的事容易有智慧。　**意大利**

智慧教会我们做和说，从而使我们言行一致。　**意大利**

理智是人生的向导与光辉。　**英国**

智慧是命运的征服者。　**英国**

灰发乃年龄之标志，而非智慧之标记。　**希腊**

世间的所有智慧岂能仅存于一个脑海中。　**英国**

智慧在市场上买不到。　**土耳其**

经验·教训·阅历

经验是智慧之父。　英国

经验包含珍贵的学问。　美国

经历是才智之母。　英国

经验是最好的老师。　德国

学经验是没有学校的，它只是个别地传授给自己的学生。　英国

有用的智慧只有在经验的学校中才能得到。　英国

经验是知识之父，记忆是知识之母。　英国

经验学校的学费高，笨汉非此学不好。　英国

老猎狗善狩猎。　德国

用空谷壳骗不了老家雀。　俄罗斯

撒把谷糠是捉不住老乌鸦的。　英国

老家鼠会绕过捕鼠器。　俄罗斯

不可能把老狐狸两次诱入捕兽器。　德国

熟练来自经验。　英国

使用出熟巧。　英国

经验不在乎年纪大，而在乎见得多。　俄罗斯

好的经验胜过教导。　俄罗斯

一次亲身的体验，胜过两次教师的教导。　英国

阅历胜似学历。　英国

有经验而无学问，胜于有学问而无经验。　英国

用不着教鱼游泳。　英国

不要去教鱼游泳，不要去教鸽子飞翔。　德国

胡须和长袍不能使人成为哲学家。　德国

并非胡子使人成为哲学家。　英国

如果凭胡子来判断，那么山羊也会布道了。　俄罗斯

如果有胡子就算学问渊博，那么山羊也可以讲学了。　丹麦

如果以自己的胡子为骄傲，那么小猫也有两撮胡子在嘴上翘。　俄罗斯

蜜蜂知道什么样的花朵上采得到蜜。　土耳其

挫折可以增长经验，经验可以丰富智慧。　英国

用代价换来的比从老师那里学来的要强。　英国

有经验的渔民，总能对付风暴。　美国

记住去时走错路的经验，回来时就顺利了。　法国

铁匠也会把铁锤砸到自己脚上。　芬兰

头一个饼子往往做得不圆。　俄罗斯

没有经验的鹰才无休止地飞翔。　土耳其

没有指南针，就不要把船驶进海。　英国

没有舵手的船难免沉没。　南斯拉夫

暴风雨中识得好船长。　俄罗斯

平静的海中，人人都能当领航员。　英国

任何可以摆脱困难的办法都是好办法。　英国

今天是昨天的学生。　希腊

要想得到忠告，得向老人求教。　英国

一个人的错误是另外人的教训。　英国

吃亏得教训，人就变聪明。　俄罗斯

任何教训都是学问。　土耳其

没有痛苦也就没有教训。　土耳其

酒里溺死的人比海里溺死的人多。　德国

脚踩两只船，早晚要落水。　英国

在两棵树上筑巢的鸟儿得不到快乐。　捷克

谁的火烧得猛，谁的柴早烧尽。　土耳其

搬三次家等于失一次火。　土耳其

一粒火星会烧掉大片森林。　俄罗斯

一星之火能够烧光一条大街。　土耳其

一根火柴能把都城烧成灰。　俄罗斯

急于赶路的旅人，往往找不到歇宿处。　土耳其

用干柴扑不灭烈火。　土耳其

做错了的事如果可以从头再做，那么世上便都是聪明人了。　英国

如果做了自己愿望的奴隶，那就可怕了。　俄罗斯

不愿接受别人的忠告，就不可能得到别人的帮助。　英国

聪明人从别人的危险中取得教训，而笨人的教训只能从自身取得。

英国

船要是不随舵行动，那它必定服从暗礁的命令。　英国

自己没有经历的东西不要瞎指挥。　土耳其

在一块石头上绊倒两次，摔断腿骨也是活该。　英国

同一措施不能适合所有环境，同一把戏不能老是玩个不停。　希腊

盲目的模仿，往往铸成大错。　俄罗斯

一个线头可以松开一个线团。　西班牙

装炭的口袋装不得面粉。　西班牙

人生世间，需鉴他人之过而自省。　土耳其

以人之过失为殷鉴，矫正自己之过失。　意大利

谁若不能把旁人做前车之鉴，旁人便会把他做前车之鉴了。　英国

不自作聪明便是最聪明。　英国

聪明人自认一无所知，愚笨人自觉无所不晓。　英国

愚者自以为聪明，智者则有自知之明。　英国

自己脸丑，为什么要怨镜子？　俄罗斯

太阳也有黑点。　俄罗斯

在最洁白的布上，污点最显而易见。　英国

世界上没有万能的人。　英国

世上无一贯明智的人。　英国

再好的射手也有脱靶时。　英国

人有失手日，马有失蹄时。　英国

四条腿的马也有跌跤的时候。　法国

长于察人的眼睛，会短于察己。　英国

人会认识宇宙，然而却不认识自我；自己比任何星球都来得遥远。

英国

一个能思想的人，才真是一个力量无边的人。　法国

承认错误，就得到了一半的宽恕。　德国

坦白等于减去一半惩罚。　俄罗斯

公开认错，心灵才美。　英国

坚持错误是魔鬼的伎俩。　英国

人们若要有所追求，就不能不犯错误。　德国

认识自己的缺点，是一个最高智慧的表现。　英国

一个人的完美之处，在于找出自身的缺点。　意大利

即使是有一双大眼睛的人，也看不到自己全部的缺点和毛病。　欧洲

勇于承认错误，表示今天已比昨天聪明。　英国

对可耻行为的追悔是对生命的拯救。　希腊

德行的实现是由行为，不是由文字。　斯洛伐克

再聪明的人，也会做出糊涂事。　俄罗斯

人很少能够看到自己的过错。　英国

别人的过失在眼前，自己的过失在背后。　法国

自己的眼睛是金刚石，别人的眼睛是玻璃球。　俄罗斯

能看到别人眼里的小树枝，却看不到自己眼里的木屑。　俄罗斯

能发现自己的缺点，便是一个优点。　英国

认识到自己无知的人决不是傻子。　西班牙

人间之大智，在于洞察本身的弱点。　法国

自知之明，是最难得的知识。　西班牙

爱你的人的忠告，即使你当时并不喜欢，也得把它记下。　英国

最需要忠告的时候，倒是听不见忠告。　英国

珍贵的珍宝可以估量，朋友的忠告无法估价。　欧洲

好的忠告永远不会嫌晚。　欧洲

金玉良言不用修饰。　芬兰

牙齿和舌头有时也会相咬。　欧洲

牙齿常咬舌头，但它们仍然是好朋友。　德国

明朗之言会收到清正之果。　美国

敌人的笑脸能伤人，朋友的责难是友爱。　俄罗斯

讳疾忌医的人找不到良药。　土耳其

闲扯的朋友是时间的浪费者。　英国

应该逃避谄媚者的花言巧语，不应该逃避一个朋友的苦口良言。　英国

最能保持人心灵健康的预防药就是朋友的忠言和规谏。　英国

忠言能够打开悲伤的耳朵。　英国

赠与的方式比赠与的东西更有价值。　德国

最好的药方就是朋友的劝谏。　英国

不接受良言者难于相助。　德国

对朋友要先考验，后信任。　英国

说好话的人。不全都是朋友。　英国

缄默有时是最严厉的批评。　德国

对导性的眼光具有美妙而朴素的修辞功能。　欧洲

用蜜粮引诱的不是朋友，用忠言直告的才是朋友。　俄罗斯

本领·技能·求知

勤劳出才智。　**俄罗斯**

才能是通过劳动得来的。　**俄罗斯**

有什么样子的工匠，就出什么样的活计。　**俄罗斯**

尝味道知食品，观技巧知手艺。　**俄罗斯**

无耐心则不会有本领。　**俄罗斯**

光有愿望不行，还要真有本领。　**俄罗斯**

本领——智慧的标志。　**俄罗斯**

看树看果子，看人看本事。　**俄罗斯**

有本事的人上天入地都能找到路。　**俄罗斯**

快马无须人赶，能人无须帮忙。　**俄罗斯**

谁把自己的头拜托给理发生手，他得在自己的口袋里多揣棉花。　**土耳其**

裁缝会的是缝衣的手艺，缝鞋就外行了。　**土耳其**

碰巧只能成功一次，熟练就能次次成功。　**俄罗斯**

自家没有养羊的人，不会懂得疼爱羊群。　**俄罗斯**

有本领的人也会犯错误，但很快就能改正。　**俄罗斯**

好样的不是能找到事做的人，而是有本领把事做好的人。　俄罗斯

有本领的人用凿子也能捕到鱼。　俄罗斯

跳舞不好的人总是抱怨自己的靴子。　比利时

力大气粗不如脚灵手巧。　土耳其

好的射手不是因为他的箭而出名，而是因为他射中了目标。　英国

瞄着乌鸦射中马，无技无能错误大。　俄罗斯

狐狸害怕高明的猎手。　俄罗斯

耍猴人对付猴子不需用鞭子。　土耳其

金子的用场首饰匠最清楚。　土耳其

一万个"0"，抵不上一个"1"。　美国

打铁的不是锤，是工匠。　俄罗斯

做出饭来的不是锅，是厨师。　俄罗斯

精通一行强似行行不精。　土耳其

人们夸赞的都不是马，而是马的善跑。　土耳其

才干不会坠痛肩膀。　芬兰

在灵巧的工匠手里任何刀斧都锋利，而在笨蛋手里一切刀斧都是钝口的。　芬兰

一个头盔不能使你成为战士。　德国

帽子上插根羽毛并不能使你成为好猎手。　德国

婚礼完了哪个都可以当主婚人，事情过了哪个都会说事情该怎么进行。　俄罗斯

看病请医生，学艺找能人。　俄罗斯

手艺是捏在手里的金币。　英国

学得技艺在身，走遍天下受欢迎。　英国

可宝贵的不是纯赤黄金，可宝贵的是精熟手艺。　俄罗斯

带着手艺比带着一千金币能走得更远。　德国

通百艺而专一门者方谓明智。　英国

手艺不是扁担，不会压痛肩头。　俄罗斯

手艺学到家，吃穿何愁它。　俄罗斯

手艺不求吃喝，但能带来粮食。　俄罗斯

除盗窃外，任何手艺都是正当的。　俄罗斯

看到活计，可知手艺。　英国

并不是任何人都会收取蜂蜜的。　土耳其

不会吠叫的狗会把狼招进自己的羊群。　土耳其

打铁找铁匠，办事找内行。　俄罗斯

没有比精通业务更值得珍贵的了。　俄罗斯

精益求精的匠人对完美的追求是无限的。　俄罗斯

好猎手的猎枪从来是乌亮发光的。　俄罗斯

同铁匠交朋友，你可以得到一柄利剑；跟歪三斜四的人交朋友，你难免陷于灾难。　俄罗斯

手艺的优劣要由行家来鉴定。　土耳其

不是神人，就不能样样都会。　英国

人不能样样手艺都内行。　俄罗斯

鸟儿看它飞翔就知道优劣。　俄罗斯

假装内行的人，一弄就错。　英国

活儿落到巧匠手，时时处处都顺溜。　土耳其

行家对行家不是发号施令者。　俄罗斯

在飞翔中识别鸟儿，在奔驰中识别马儿，在疆场上识别骑士。　俄罗斯

一件事都不办坏就成不了行家。　俄罗斯

想与狐狸斗，你得成为虎。　俄罗斯

马要力大，人要能干。　芬兰

骏马也跳不过超越自己能力的高度。　俄罗斯

有多大力砍多大树。　俄罗斯

一个匠人的手艺高低，一看实际操作即可了然。　俄罗斯

要是驴子做了头领，那就一切都糟了。　土耳其

人不是生来就是学识渊博的。　英国

一本书老是合着，不过是一块石头。　英国

知识的本分是陈述，两智慧的特权是倾听。　美国

游手好闲地学习并不比学习游手好闲好。　英国

这个世界对思考的人而言是喜剧，对感觉的人而言是悲剧。　英国

应该小心一切假知识，它比无知更危险。　爱尔兰

生活的智慧大概就在于逢事都问个为什么。　法国

只要一个人在思考，他就是自主的。　美国

直觉能做的事很多，但是做不了一切，只有天才和科学结合才能取得
最好的结果。　英国

心灵要常常保持年轻，头脑要常常保持老练。　英国

知识之奇妙，真正渴求的人，总能获得。　德国

无知的热心。犹如在黑暗中远征。　英国

一本书像一艘船，带领我们从狭隘的地方，驰向无限广阔的生活海
洋。　瑞士

聪明人并不是无论何时都聪明。　美国

钱包空空如也比脑袋空空如也好。　德国

善于发问的人知识丰富。　德国

把一页书好好消化，胜过匆忙地阅读一本书。　英国

与其花许多时间和精力去凿许多浅井，不如花同样的时间和精力去造

一口深井。　法国

　　学到很多东西的诀窍，就是一下子不要学很多东西。　美国

　　有些人知识很多很多，但却不知道最有用的东西。　俄罗斯

　　学问和健康之外无财富，无知和疾病之外无贫穷。　欧洲

　　爱好学习的人是聪明人，喜欢指使人的是蠢材。　俄罗斯

　　书籍是积累世人智慧的不灭明灯。　美国

　　书是人类伟大智慧的结晶。　俄罗斯

　　一本书不翻阅犹如一堆废纸。　英国

　　知识的源泉在书本里流淌。　希腊

　　在书本里找到的不是死的字母，而是活的知识。　俄罗斯

　　阅读良书，其乐远胜于获得黄金。　英国

　　学问无年龄的关系。　英国

　　若要求知识，须从勤苦得。　英国

　　学问是苦根上长出来的甜果。　意大利

　　知识像砂石下面的泉水，掘得越深越清澈。　丹麦

　　学问之道无捷径。　英国

　　学问无坦途。　英国

　　没有一所专门造就"天才"的学校。　土耳其

　　天才出于勤奋。　法国

　　成功是由勤奋分娩的。　英国

　　成功是辛勤劳动的报酬。　希腊

　　不是到老学，而是学到老。　俄罗斯

　　活到九十九，书本不离手。　德国

　　人的一生，须终生学。　荷兰

　　常问路的人，不迷失方向。　芬兰

善问者能过高山，不问者迷于平原。　　土耳其

横溢的天才有如沃土，如果不加耕耘，只能产生莠草。　　美国

一朵花在含苞未放的时候是不应当去摘的。　　俄罗斯

凡是值得做的事，就值得做好。　　欧洲

基础不良的好建筑物是没有的。　　英国

屋基之深度，决定屋顶之高度。　　美国

倘想达到最高处，就要从低处开始。　　美国

要想上梯子必须从底下爬起。　　德国

即使你聪明绝顶，也要从头学起。　　俄罗斯

知识只能循序渐进，不能跃进。　　英国

越想抄近路，越会走远路。　　英国

在陌生的地方，抄近路可能是两点之间最长的距离。　　美国

丢失的东西，总是找到最后一个地方才找得着。　　美国

爱好即获得知识的头一步。　　葡萄牙

注意力是智慧的门户。　　欧洲

知识像一张渔网，渔网越实越牢，网住的鱼就越多。　　墨西哥

书籍和朋友应少而精。　　英国

疑问是人的天性。　　俄罗斯

读书而不回想，犹如吞食而不消化。　　美国

理解，能攻克一切惊奇的堡垒。　　法国

不知道并不可耻，不想知道才可耻。　　土耳其

不愿多问者，与耻学相等。　　丹麦

笔墨是才智之犁。　　英国

重复练习是知识的母亲。　　德国

哪里没有兴趣，哪里就没有记忆。　　德国

记忆是生命的时钟。　**芬兰**

老师引出路，钻研靠自己。　**俄罗斯**

旅行是知识的伟大源泉。　**英国**

首次打猎，不会得到所有野兽。　**德国**

意志在于磨炼，知识在于积累。　**拉丁美洲**

只有实践的钥匙，才能打开知识的宝库。　**美国**

劳动·勤奋·自强

坐着轿子决不能到天堂。　英国

对你有帮助的东西并非都是唾手而得的。　英国

鸟美在羽毛，人美在勤劳。　俄罗斯

阳光使地生色，劳动使人增光。　俄罗斯

要受人尊敬，需得爱劳动。　俄罗斯

像蜜蜂那样劳动吧——你就会喝到甜甜的蜜！　俄罗斯

人靠劳动树靠根。　俄罗斯

双手勤劳动，灵魂才欣慰。　土耳其

辛勤劳动，万事可成。　英国

勤劳的结果是愉快和幸福。　英国

人勤收成好。　英国

勤勉可以养人，怠惰可以亡身。　俄罗斯

早起的鸟儿捉虫多。　英国

黄金时代是在我们前面，而不在背后。　英国

天堂的幸福是完全的安息；尘世的幸福是辛劳地工作。　欧洲

所有现存的东西都是创造的果实。　欧洲

千载一逢的好机会对懒汉来说无足轻重，但勤劳者却会使最寻常的机

会变成良机。　欧洲

忙碌的人没有掉眼泪的时间。　英国

任何财富都是时间与行动化合之后的成果。　法国

凡是工作的人，都是值得祝福的。　欧洲

灵感，是由于顽强的劳动而获得的奖赏。　俄罗斯

祈祷从天空取出幸福，劳动从大地挖出幸福。　德国

科学是到处为家的，——只不过任何不播种的地方，它是不会使其丰收的。　俄罗斯

即使一个圣者走过去，一个工作着的人也不必站立起来。　欧洲

工作着的傻子比睡在床上的聪明人强。　俄罗斯

灵感全然不是漂亮地挥着手，而是如犍牛般地竭尽全力工作时的心理状态。　俄罗斯

一个人的最好朋友，就是他的十个指头。　英国

工作是大自然的医生，人类幸福的源头。　比利时

有意义的工作，就是无限的幸福。　美国

我们的人生随我们花费多少努力而具有多少价值。　法国

没有什么面包比靠自己劳动所得更香甜的了。　欧洲

字典里最重要的三个词，就是意志、工作、等待；人们将要在这三块基石上建立成功的金字塔。　法国

节制和劳动是人类的两个真正的医生。　法国

完善的新人应该是在劳动之中和为了劳动而培养起来的。　英国

诚实和勤勉，应该成为人们永久的伴侣。　美国

使儿女养成勤勉的习惯，胜于给他们一笔财产。　英国

人只要专注于某一项事业，那就一定会做出使自己都感到吃惊的成绩来。　美国

勤劳一日，可得一夜安眠；勤劳一生，可得幸福长眠。　**意大利**

一切都靠一张嘴来做而丝毫不实干的人是虚伪和假仁假义的。　**希腊**

如果你想休息，就必须工作。　**欧洲**

人喜爱习惯，因为造它的就是自己。　**爱尔兰**

人应该支配习惯，而决不能让习惯支配人。　**俄罗斯**

安逸使人志消，勤奋使人志高。　**德国**

勤勉的人，每周七个全天，懒惰的人，每周七个早晨。　**英国**

常汲水的井里水最甜。　**英国**

千重要，万重要，一技之长最重要。　**南斯拉夫**

技艺多，随处能生活。　**英国**

手艺胜于一切珠宝。　**俄罗斯**

手艺是黄金的园地。　**德国**

手艺精巧者，即如黄金的源泉。　**荷兰**

没有甜蜜不是由流汗得来的。　**英国**

得头上汗湿，才口中有食。　**西班牙**

如果你能成功地选择劳动，幸福就会找到你。　**乌克兰**

真正领会工作意义的人，永远不会感到寂寞。　**英国**

工作虽苦，其果甜蜜。　**德国**

凡一生勤劳的人，他将要站在帝王之前。　**美国**

人类生来要劳动，好像鸟儿生来要飞翔。　**德国**

财富的父亲是劳动，财富的母亲是土地。　**俄罗斯**

勤奋是成功之母。　**英国**

黄金本无主，出自勤俭家。　**英国**

不劳动，连池塘里的鱼也捞不上。　**俄罗斯**

不劳而获者，只有贫困。　**英国**

要使车子走得快，就得给轮子勤上油。　美国

蜜蜂因夏天勤劳才能冬天食蜜。　英国

手上的汗水要比手指上的金戒指上更受人尊敬。　德国

勤勉的人，能把万物化为黄金。　西班牙

劳动中的时间度过得欢乐。　芬兰

早醒的鸟儿捉的虫子多。　英国

起得早些，才能走得远些。　德国

黎明即起的人，不怕露水打湿脚。　俄罗斯

早醒的鸟儿已把嘴洗干净，晚起的鸟儿才扒开眼睛。　俄罗斯

起得早的人饿不着肚子。　土耳其

最早起身的牛得到第一滴朝露。　英国

下田早的人家麦子好。　芬兰

谨慎又勤勉，好运相随来。　英国

树以果子出名，人以劳动出名。　俄罗斯

勤勉是好运之母。　英国

劳动的果实，比一切果子都要甜。　俄罗斯

劳动是荣誉的事业。　德国

劳动出色荣誉多。　芬兰

往猎囊里装的是野味，不是疲劳。　芬兰

勤劳一日，可得一夜的安眠；勤劳一生，可得幸福的长眠。　意大利

没有劳动的欢娱，就像无盐的面包。　俄罗斯

鸟活着就得飞翔，人活着就得劳动。　德国

判断一棵树的优劣，要看果子，不看叶子。　美国

土地的主人不是在它上面散步的人，而是在它上面耕耘的人。　俄罗斯

无聊是一种疾病，最好的处方是劳动。　法国

劳动的手能把石头变成金子，而不劳动的手会使金子变成石头。　土耳其

付出什么样的劳动，就得什么样的成果。　俄罗斯

热爱劳动者，无事坐不住。　俄罗斯

世界上没有不化劳动而能自成的事。　俄罗斯

栽好树，就有果吃。　土耳其

勤劳的结果是愉快和幸福。　英国

有一个伟大的目标，就不会把劳动当做苦差。　俄罗斯

要想吃果子，就得爬上树。　英国

若要鸟来住，先得搭鸟巢。　德国

要吃香甜，就得流汗。　英国

谁骑马，谁就得担水喂它。　俄罗斯

你想摘到果子，就得跳一跳。　英国

勤劳的人能把一天变成两天。　德国

上帝喜欢脚勤手快的人。　俄罗斯

不劳动就没有分享的权利。　俄罗斯

不织网者，捕不着鱼。　土耳其

人不动弹，在水边也会渴死。　土耳其

不干活，那么连落进网的鱼都拿不到手。　俄罗斯

没有劳动，连蜜蜂已经采好的蜜都吃不到口。　土耳其

就像没有洗刷就没有清洁一样，没有劳动就不会有财富。　芬兰

花开得茂盛的树能结出甘美的果子。　土耳其

种葡萄的人需要的是锄头，而不是祷告。　土耳其

祷告上帝没有用，盖房还得自己动手。　俄罗斯

靠期待生活的人不免死于饥饿。　土耳其

值得自豪的是劳作，而不是漂亮的脸蛋。　俄罗斯

依赖别人过活，一定度日如年。　英国

小鸟衔泥一口口，筑成树上大鸟窝。　俄罗斯

勤劳的人会有各种幸运，懒惰的人则只有一种不幸。　芬兰

人念念不忘田地，田地也就始终记挂着人。　芬兰

农人总能找到土地，船夫总能找到江湖。　芬兰

犁地的能手对任何田地都不嫌弃。　芬兰

辛苦中得来的面包吃起来才香。　芬兰

森林不会轻易献出面包来。　芬兰

雨水自己不会落进家里的水桶。　俄罗斯

夏日不流汗，冬日遭风寒。　俄罗斯

勤喂马者不怕赶路。　土耳其

天天干着活，铁锹不生锈。　土耳其

戴手套的猫捉不到老鼠。　英国

近路不走也会感到长。　土耳其

并不是每个人都有权收取蜂蜜的。　土耳其

不畏劳动的人不担心挨饿。　俄罗斯

闲散如酸醋，会软化精神的钙质；勤奋似火酒，能燃起智慧的光焰。

土耳其

耕田背不躬，犁沟直不了。　土耳其

做窝漫不经心的鸟是劣鸟。　英国

真正的男人不论在土下或石下都能找到面包。　土耳其

劳而无效，等于不劳。　俄罗斯

用自己劳动创造出来的东西才会懂得如何珍惜。　俄罗斯

劳动，劳动，再劳动——这就是三个传世之宝。　俄罗斯

学识和劳动是互为比邻的。　俄罗斯

最幸福的人是热爱劳动的人。　俄罗斯

发觉饥饿将临头才来弯腰耕种，就来不及了。　芬兰

才华是刀刃，辛勤是磨刀石。　俄罗斯

对勤奋的工作者来说，往后的时间是很多的。　俄罗斯

你爱工作，工作也就会爱你。　俄罗斯

整天跑着的狗就总能找到一块骨头。　英国

等到日子过去了，才能找出它们的可爱之点。　法国

在你必须作出选择时并没有这样做，这本身就是一种选择。　美国

因为对命运要求过多，而自己播下不满的种子。　德国

不要专心懊悔早已过去的事情来糟蹋自己。　英国

到了黄金不起支配作用的时候，黄金时代才到来。　以色列

要使山谷肥沃，就得时常栽树。　法国

立志是事业的大门，工作是登门入室的旅程。　法国

无聊是绝望的姐妹。　德国

人们在年轻的时候，谁也不知道自己年轻。　欧洲

人的命运就操在人的手里。　法国

命运是由自己决定的。　西班牙

每个人都是自己命运的铸造者。　英国

运气是不能信赖的。　德国

求神不如求己。　英国

伟大的事业非旦夕可成。　德国

愿望不能代替实际。　英国

要达到目的，就得想一切办法。　法国

不管鸟儿飞得多高，它总得在地上寻找食物。　丹麦

快乐可依靠幻想，幸福却要依靠实际。　**法国**

要是愿望等于事实，乞丐早就发财了。　**英国**

如果不费力，东西没价值。　**西班牙**

行动胜于空言。　**英国**

一步实际行动，胜过一打纲领。　**德国**

行一小时之义，足抵百时之祷告。　**德国**

自己挣来的干面包，胜过他人施舍的鸡腿。　**丹麦**

欲为大事者，则须少开口。　**丹麦**

着手一干，完事一半。　**西班牙**

怀最好的希望，作最坏的打算。　**英国**

不劳动的玩乐，就像没有放盐的面包。　**土耳其**

徘徊者易迷途。　**智利**

徒有良好的愿望而不去努力实现，悔将莫及。　**英国**

行动比语言响亮，百说不如一干。　**英国**

自暴自弃是一条吸取心灵的新鲜血液并在其中注入厌世和绝望毒液的毒蛇。　**德国**

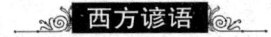

慵懒·放荡

没有劳动的生活是盗窃，没有艺术的生活是野蛮。　**俄罗斯**

懒惰是愚者的休假。　**英国**

懒人的工作总是明天，而他的假日则是今天。　**欧洲**

愚汉的智慧在明天。　**英国**

明天，明天，过了今天……这是懒汉的著名的格言。　**德国**

懒汉总把事情推于明天，而忘了今天。　**德国**

懒惰——它是一种对待劳动态度的特殊作风，它以难于卷入工作而易于离开工作为其特点。　**俄罗斯**

懒惰是邪魔的枕头。　**丹麦**

最困难做到的事莫过于无所事事。　**以色列**

安逸是软弱心灵的避难所，是愚人的假日。　**俄罗斯**

忙碌的人只会受到一个恶魔的引诱，而懒惰的人则会受到一群恶魔的引诱。　**爱尔兰**

好运气，这是懒汉对劳动者的成就的估价。　**欧洲**

懒惰是意志薄弱者的隐藏所。　**英国**

懒惰者的道路充满荆棘。　**丹麦**

懒惰与贪欲，为刎颈之交。　**德国**

在一个地方不满意的人，在另一个地方也未必能快乐。　挪威

懒散能磨去才智的锋芒。　英国

一时之怠惰，可能危害终生。　英国

懒惰为饥饿之母，盗窃之父。　荷兰

懒惰乃诸恶之根。　德国

懒惰乃生者之墓。　加拿大

懒惰是生活的死亡。　德国

闲散懒惰是一切灾难的起源。　俄罗斯

游手好闲是万恶之源。　英国

等待好机会才做事的人，永远不能做事。　欧洲

太多的休息，本身便成为一种痛苦。　希腊

因循懒惰就是死亡。　英国

懒惰度日不需要什么辩解，本身就是口实。　德国

闲暇是一件漂亮的衣服，但不宜长时间穿着。　德国

如果你懒惰，就不要独处，如果你独处，就不要懒惰。　英国

最难忍受的事情是无所事事。　以色列

当真正机会来临，而自己没有把握的时候，才会醒悟平时没有准备才是浪费了时间。　法国

精力旺盛的人吸引其他所有的人，而懒汉则吸引精力旺盛的人。　土耳其

一个人越懒，明天要做的事越多。　德国

懒惰是世间最大的奢侈。　希腊

懒惰如果不产生恶习或祸患，那就一定产生沮丧。　英国

懒惰很像金钱，一个人拥有越多，越是想要。　挪威

懒惰能使青年人未老先衰。　南斯拉夫

懒惰走得如此慢，以致贫穷很快就赶上它。　美国

懒惰不过是意志薄弱者的避难所。　英国

懒汉是最热衷于把自己弄得筋疲力尽的人，不过不是在工作上，而是在欢乐上。　法国

懒汉的舌头决不懒。　法国

懒惰等于一个母亲。她生下一个儿子叫"盗窃"，生下一个女儿叫"饥饿"。　法国

懒人是无长短针的钟，即使它会走动，仍和停止时一样无用。　英国

荒废比使用浪费。　法国

在一切陋习之中，闲散最足以瘫软人们的勇气。　法国

懒惰一时，损失一生。　英国

懒惰中有永恒的绝望。　英国

懒惰等于把一个人活埋。　法国

懒惰是死海，会吞没一切道德。　欧洲

睡着的狐狸捉不到鸡。　英国

睡着的猫哪能捉到老鼠。　俄罗斯

一到傍晚，懒惰的人就忙碌起来。　德国

年轻时懒惰，老来成废物。　英国

少年奢侈浪荡，老来赤脚讨饭。　英国

惰性是气息尚存的死亡。　加拿大

懒散和淫荡是莫逆之交。　英国

懒惰对于人好比铁生了锈。　罗马尼亚

才能一旦被懒惰支配，就一无可为。　俄罗斯

懒惰——小偷的兄弟。　芬兰

懒汉很少有走运的。　芬兰

懒惰是罪恶的巢穴。　**法国**

懒汉坐着睡觉，躺着工作。　**俄罗斯**

懒羊连自己身上的毛都嫌重。　**英国**

懒惰使脑筋锈烂。　**英国**

学会工作需得三年，学会懒惰只要三天。　**俄罗斯**

懒人像公牛，从他身上既得不到毛，也得不到奶。　**俄罗斯**

懒惰只有永久的失望。　**英国**

懒觉睡得多，世事见得少。　**俄罗斯**

贫穷不可耻，懒惰才羞人。　**土耳其**

懒散的人一生也不受人尊敬。　**芬兰**

躺着的牛饱不了肚子。　**土耳其**

懒人联结个疙瘩都不想动手。　**土耳其**

要是农夫夏天休息，冬天牲口就要死亡。　**俄罗斯**

病人只死一次，懒人天天死去。　**俄罗斯**

哪里有窟窿，哪里就有风；哪里有懒汉，哪里就有闲话。　**俄罗斯**

对懒汉来说，每天都是节日。　**俄罗斯**

牛死，懒人有肉，车坏，懒人有柴。　**俄罗斯**

谁夏天躺在阴凉处休息，谁冬天难免饿肚皮。　**俄罗斯**

懒惰是致贫的根由。　**俄罗斯**

懒人家里无燃料，馋人家里没食物。　**俄罗斯**

孩子不倦于玩，懒人不倦于睡。　**俄罗斯**

懒汉还未束上腰带，勤者已把工作结束。　**俄罗斯**

梦境是懒人的馅饼。　**俄罗斯**

偷窃盗行出于贪，胡作非为出于懒。　**俄罗斯**

钝刀切不动肉，懒汉担不起工作。　**俄罗斯**

懒人的帐篷里常无劈好的柴，吹牛者帐篷里常无现成之食。　**俄罗斯**

拍马者的谎话多，懒惰者的缘故多。　**俄罗斯**

工作开始之前连懒汉都是爱说漂亮话的人。　**俄罗斯**

懒惰能磨去才智的锋芒。　**英国**

懒汉的头脑是魔鬼的工场。　**英国**

游手好闲是万恶之源。　**俄罗斯**

劳动养活人，懒惰毁坏人。　**俄罗斯**

不怕劳动的人，懒惰见他就躲开。　**俄罗斯**

懒人家里面包少。　**芬兰**

疾病老是跟着懒惰走。　**德国**

"明天，明天，不是今天。"懒汉就是这样说的。　**德国**

无所事事，就会学着干蠢事。　**英国**

无所事事，才会感到终日寂寞。　**英国**

爱好纳凉者，总是落人后。　**俄罗斯**

劳动者的双手老茧满掌，懒惰者的双手茸毛长长。　**芬兰**

哪家的主妇懒，哪家的锅灶脏。　**芬兰**

懒汉的田里鹤去给他上粪。　**芬兰**

青年时代浪荡，到老年时代就放荡。　**俄罗斯**

魔鬼能勾引所有的人，而懒汉却能引诱魔鬼。　**土耳其**

人一过上闲荡的生活，就永远不会有自己的家。　**西班牙**

方法·途径·规律

一斧子砍不倒一棵橡树。　**德国**

敲钉子要敲在钉屁股上。　**英国**

一顶帽子不会所有人戴起来都合适。　**德国**

不能把什么都剪成一般齐。　**德国**

适度——最好的药剂。　**德国**

多大的裤腿伸多大的脚。　**俄罗斯**

林子里不会只有一条路。　**英国**

老鹰飞不过去的地方，苍蝇能找到十条道路。　**德国**

怀最好的希望，作最坏的准备。　**英国**

为最坏的情况作准备，那么最好的情况就会到来了。　**英国**

一个好计策可能长期有用，值不能永远有用。　**英国**

在取暖时，太近火的人会被灼。　**英国**

虽然下雨了，也不要把你浇花的喷水壶丢掉。　**英国**

想知道将来会发生什么事的人必须回溯过去。　**英国**

笔直的道路是最好的道路。　**德国**

敲锣打鼓不是逮兔的办法。　**英国**

在驴子身上寻找羊毛，根本方向就搞错了。　英国

驴子是一种嗓子，夜莺又是一种嗓子。　德国

不能要求羊长五条腿。　德国

鹰鸽不能一笼装。　德国

心与心之间总可以找到道路。　土耳其

正当的目的可以用来证明手段是正当的。　英国

别在山脚下高兴：上坡道更陡。　俄罗斯

到晚间再来夸白天干的。　德国

火灾扑灭了才提水来。　俄罗斯

晚做胜于永远不做。　英国

火未燃烈时易于踏灭。　英国

预见到的危险，一半已经避免。　英国

良好开端，成事一半。　德国

开头搞得好，结果成效高。　英国

秩序在一切事情中都占首要地位。　德国

哪里有秩序，哪里就有成功。　俄罗斯

事情往往难在开头。　俄罗斯

起始固然难，结束也不易。　俄罗斯

好事不会突然发生。　德国

牺牲小鱼才能钓到大鱼。　英国

所有工作同时抓的人，他是不会得到嘉奖的。　德国

不是任何希望都能实现的。　德国

不是任何变化都是朝着好的方向发展的。　德国

人人都负责，结果无人负责。　英国

想要了解敌人，最好到敌人营垒里去住几天。　德国

忙忙碌碌的人成事不一定多。　英国

急躁中会失理智。　英国

快速是需要的，匆忙是有害的。　德国

忙乱之中必有错。　德国

用引诱的办法逮得着野兽，而逮马得用套马杆。　俄罗斯

杀蝇不用大刀，杀蚊不用板斧。　德国

打雀岂用大炮，杀鸡焉用牛刀？　英国

亲眼见的最相信，亲身感受的最真实。　英国

驴子已丢掉，却在找驴鞍。　俄罗斯

虽然糖很甜，但代替不了面包。　俄罗斯

踩蛇不应踩尾，而要踩头。　俄罗斯

如果灾祸突临，为拯救脑袋可以牺牲耳朵。　俄罗斯

烟囱歪斜不可怕，只要烟出得去。　俄罗斯

人们给锁配钥匙，而不会给钥匙配锁。　俄罗斯

做出锁来的人，也会做出钥匙来。　俄罗斯

跛足而不迷路能赶过虽健步如飞但误入歧途的人。　英国

不管我们踩什么样的高跷，没有自己的脚都是不行的。　法国

自然有它发展的规律。　英国

任何庄稼都有自己的季节。　俄罗斯

如果是玫瑰花，它总是会开的。　德国

暖得快的屋子冷得早。　欧洲

没有风，树不会摇。　俄罗斯

每一件东西在它应时之时都是好的。　欧洲

瓜理结不出茄子。　丹麦

老鹰不孵斑鸠。　英国

不要强迫公鸡下蛋，鸭子孵仔。　**法国**

你也许能强迫一个人闭上眼睛，但你决不能强迫他入睡。　**丹麦**

你可以把马牵到水边，但无法强迫它饮水。　**英国**

天下没有永远不变动的事情。　**德国**

除了死亡之门以外，每扇门都可以被关闭。　**意大利**

死神不使用日历。　**英国**

收买死神，不能延长寿命。　**欧洲**

不合理的事不会长久。　**英国**

鱼是从头烂起的。　**英国**

位高遭人妒，峰高招风怒。　**英国**

嫉妒是名声的伴侣。　**欧洲**

最高的树也怕雷电。　**英国**

死亡来临时，无可挽回。　**英国**

风的变化不选时。　**英国**

无风难驶船。　**英国**

母猪生一窝，比不上狮子生一只。　**希腊**

团结·友谊·交友

只有当一切音响被它们的一个统一的和声所吞没并消失在其中的时候，才能成为音乐。　俄罗斯

多一个铃铛多一声响，多一支蜡烛多一分光。　欧洲

一致是强有力的，而纷争易于被征服。　希腊

为了了解大自然的智慧，必须联合大家的知识。　法国

如果乐器不先调好音，它怎能发出正确的和声。　法国

深厚的积雪由微小的雪花堆成。　美国

如果各人打扫自家门前，整条街道就干净。　以色列

落进海洋的雨点，它就不会干涸。　欧洲

涓涓之水可成江河。　德国

泉水虽然少，但它还是海洋的哥哥。　欧洲

大海不拒溪流。　英国

平等是做朋友的前提。　英国

哪里有友爱和睦，哪里就有光明。　俄罗斯

人而无友，只算半人、　英国

鸟的力量在翅膀，人的力量在友谊。　俄罗斯

一个人没有朋友，无异于生活里没有阳光。　俄罗斯

没有朋友，世界就不可爱。　美国

没有朋友，人就像孤儿。　俄罗斯

没有朋友的人等于死人。　英国

友情是开放的花朵，时间能使它结出果实。　德国

真正的友谊，像冬天的太阳。　英国

没有友谊这个世界不过是一片荒野。　英国

所谓友谊。就是一颗心在两个身体里。　欧洲

买卖也许会带来金钱，但友谊几乎从来不会带来金钱。　英国

真诚的友谊好像健康，失去时才知道它的可贵。　英国

在智慧提供给整个人生的一切幸福中，包括友谊的获得。　希腊

要有朋友，必须以友谊等人。　英国

不相信别人的人，也得不到别人相信。　比利时

人生中除去友谊，就如世界上除去太阳。　希腊

真正的友情，是一株成长缓慢的植物。　美国

爱情需要获得对方的相信，友情需要获得对方的洞察。　法国

友谊像婚姻关系一样，其维持有赖于避免做不可宽恕的事情。　美洲

友谊永远是美德的辅佐，不是罪恶的助手。　意大利

如果心是近的，遥远的路程也是短的。　俄罗斯

友谊需要——忠诚去播种，热情去灌溉，原则去培养，谅解去护理。
德国

真正友谊的要素，在于体谅别人的小过失。　欧洲

不去帮助别人的人，需要医生去帮助他们。　以色列

名声、荣誉、快乐、财富这些东西，如果同友情相比，它们都是尘
土。　英国

疑心是友谊的毒药。　法国

不与人同乐，决无深交的朋友。　葡萄牙

没有哪一种友谊的基础比有着一个共同的敌人更稳固。　爱尔兰

人们应该通过不断的修补来维护友谊。　美国

卑鄙与狡诈的开始，就是友谊的终结。　欧洲

友谊受到欺骗是痛苦的创伤。　俄罗斯

阿谀奉承不能赢得友谊，只有真理和忠实才能巩固友谊。　俄罗斯

诚实是友谊的基石。　欧洲

德行是友谊的基础。　英国

友谊要用真理来巩固。　俄罗斯

金钱多不一定能过好日子，良友多才能过好生活。　俄罗斯

一个仇敌就够多，一百朋友却嫌少。　英国

树靠树根支持，人靠朋友支持。　俄罗斯

果树不只结一个果子，人不该只有一个朋友。　俄罗斯

关键时刻方知朋友之可贵。　英国

陷入困境，最需朋友。　英国

正直的人朋友多。　美国

生性快活的客人对谁都不是累赘。　德国

连一个朋友都没有的人，不值得活在世界上。　希腊

志同道合是一种心灵的沟通。　土耳其

心里出来的话也会落进心里。　阿拉伯

好人总归能找到好人做朋友。　芬兰

说你长处的不一定是朋友，说你短处的不一定是敌人。　俄罗斯

说了真话伤友好，那也还得把真心掏。　俄罗斯

规劝——关心的表示。　英国

挚友的告诫常常不是甜蜜的。　土耳其

背后夸奖你的才是真朋友。　土耳其

开诚相见，这才称得上是朋友。　土耳其

直率的朋友是亲兄弟。　俄罗斯

获得一个智者的友谊，比获得一群蠢人的友谊更有价值。　希腊

一个人没有好朋友，就不会看到自己的缺点。　俄罗斯

爱你的人的忠告你一时不中听，但不可不听。　英国

敌人说话让你开心，而朋友常与你争辩。　俄罗斯

一个向你皱眉的朋友，胜于一个向你微笑的敌人。　英国

受人款待，真言莫隐。　俄罗斯

朋友之间有话不相瞒。　土耳其

过分的称赞会损害友谊。　俄罗斯

老朋友是最好的镜子。　英国

朋友的眼睛是一面好镜子。　俄罗斯

忠诚的朋友难得找。　英国

阿谀不能赢得友谊，只有直率和忠实才能巩固友谊。　俄罗斯

获得朋友的唯一方法，便是你成为别人的朋友。　俄罗斯

想找完美无缺的朋友，就只能成为没有朋友的孤家寡人。　土耳其

指望交结无缺陷的朋友，那就永远休想交到朋友。　英国

看到朋友的优点，对他的缺点也不要闭起眼。　土耳其

不是每个向你微笑的人都可结为朋友。　土耳其

老是当面恭维你的并不都是朋友。　英国

信赖之前要经过验证。　英国

没有经过考验的朋友，就像没有剥开壳的核桃。　俄罗斯

马要骑着看，人要交着看。　英国

你要了解一个人，就得同他一道上路。　土耳其

日行夜宿之中你就了解你的旅伴。　英国

人不是胡桃果，一眼就能认清。　俄罗斯

要学好人样，不做恶人友。　土耳其

跟好人做伴，你会成为好人中的一员。　英国

是所有人的朋友，对谁也不是朋友。　俄罗斯

在他离开的地方仍有朋友在，那么他才算离开得好。　英国

患难识真友。　意大利

患难识人，泥泞识马。　南斯拉夫

遇旱知泉甘，患难识真友。　法国

患难突然临头，朋友真假分晓。　俄罗

富贵交友易，患难显真情。　英国

不到窘境，难识真友。　英国

好朋友常常是在逆境中获得的。　意大利

烈火试真金，逆境验友情。　英国

为了朋友，可以赴汤蹈火。　德国

有难共煎熬，结友才牢靠。　英国

不要交顺着你的朋友，要交好反驳你的朋友。　俄罗斯

富裕招来朋友，窘境考验朋友。　英国

从一个人的交际结友，即可了解他的为人。　英国

人怎样不用问他本人，看他的朋友就行了。　土耳其

马要骑着看，人要走着瞧。　俄罗斯

自私、小气、忌妒，不喜欢成人之美，不乐闻人之荣誉的人，不能获得朋友。　英国

不平等状态会使朋友分离。　德国

猜疑是友谊的毒剂。　英国

味醇数陈酒，情长数老友。　英国

如果心是近的，遥远的路也是短的。　俄罗斯

好朋友之间没有远路。　土耳其

纵容你的不是朋友，帮助你的才是朋友。　俄罗斯

坏朋友像影子，只在好天能见他。　俄罗斯

朋友求你相助，你莫拖到明天。　德国

一只手总帮另一只手的忙。　土耳其

洗手总是两只手互相洗的。　俄罗斯

帮助虽不很大，能帮就是好友。　英国

及时的帮助才是真正的帮助。　俄罗斯

友谊总是双方的事情。　英国

既要帮助朋友，就不考虑危险。　芬兰

爱朋友就是爱自己。　俄罗斯

砍着一个指头，十个指头都疼。　俄罗斯

路上有个说说笑笑的朋友，等于舒舒坦坦骑在马上走。　英国

若不团结，任何力量都是弱小的。　法国

同心协力，推倒城壁。　德国

和睦才会有创造，内讧必然是破坏。　德国

许多水点就造成滂沱大雨。　英国

小小的水点，小小的砂粒，造成浩渺的海洋和欢娱的土地。　英国

世间的所有智慧岂能只存在于一个脑瓜中。　英国

一个指头捏不成拳。　俄罗斯

每只鸟儿都知道向群里飞。　俄罗斯

和睦的羊群不怕狼。　俄罗斯

紧密的团结就是无敌的勇士。　俄罗斯

团结就是力量。　英国

众人才能砍倒一棵大橡树。　英国

一朵花做不成一个花环。　英国

一把扇子扇不走大雾。　英国

湿柴放在火堆里也会燃起来。　俄罗斯

一个人的能力，总有一个范围。　英国

独羊容易受到狼的袭击。　英国

离群的羊——狼的菜饭。　俄罗斯

没有一双强手善于捆扎，散草还是散草。　俄罗斯

内讧对双方都是有害的，它使胜利者和失败者一同遭到毁灭。　希腊

不同的鸟雀不会在同一群里飞。　芬兰

两个茶盘相碰，总有一个要碎。　土耳其

同床异梦，相处难久。　俄罗斯

彼此不欠债，友谊能久长。　英国

好友勤算账，交情能久长。　俄罗斯

与害人之人莫为邻　土耳其

友谊和公务不能搅在一起。　土耳其

打猎就能找倒猎伴，上路就能找到旅伴。　土耳其

买卖人不知道什么叫友谊。　土耳其

玫瑰的遭遇夜莺知道。　土耳其

同路有个好伴，长途也会变短。　意大利

滥施交际的人没朋友。　英国

是真朋友就不会做出害己的事。　土耳其

经常在一起，不一定是知己。　俄罗斯

人怎么呼，山怎么应；你怎样待人，人怎样待你。　俄罗斯

相隔一段距离的朋友反而会情投意合。 **俄罗斯**

好奇心对于朋友是不相宜的。 **土耳其**

战斗要勇敢，交友要和善。 **俄罗斯**

骗朋友是一次，受怀疑则终生。 **俄罗斯**

一个家庭里的人还有傻有丑，一个集体的人当然会有强有弱。 **俄罗斯**

同色的鸟爱聚在一起。 **英国**

山和山无法相会，人与人总要相逢。 **俄罗斯**

没有朋友应找朋友，找到朋友要珍惜。 **俄罗斯**

鲜花要用水灌溉，友谊要靠人珍爱。 **土耳其**

忘记旧友的人得不到新友。 **俄罗斯**

言语结交的友谊不坚固，战斗中建立的友谊才长久。 **俄罗斯**

财富不是朋友，朋友却是财富。 **俄罗斯**

用金钱买不到朋友，用名誉才能获得朋友。 **俄罗斯**

要想得友谊，为人需正直。 **俄罗斯**

谁骄傲自高，谁没有朋友。 **俄罗斯**

哪里有友情与和睦，哪里就有财宝。 **俄罗斯**

身在朋友边，喝水比蜜甜。 **俄罗斯**

宁喝朋友的水，不饮敌人的蜜。 **俄罗斯**

懦夫和粗枝大叶的人常常没有朋友。 **俄罗斯**

虚伪的朋友像猫：从前面舔你，而从后面抓你。 **俄罗斯**

自尊心太强的人，不会惹人爱。 **俄罗斯**

不爱他人是自己毁灭自己。 **俄罗斯**

友谊像玻璃，打碎无法修。 **俄罗斯**

斧子劈不开的友谊才是真友谊。 **俄罗斯**

忠诚的朋友是可靠的屏障。 **俄罗斯**

风能毁坏大山，话能破坏友谊。　　俄罗斯

不互惠互利的朋友是没有的。　　芬兰

他们亲密得像两匹马拉同一辆车那样形影不离。　　芬兰

单独一人难搬石，同心协力能移山。　　俄罗斯

一根细苇苍蝇就能折断，一捆干草大马也难压坏。　　俄罗斯

小溪汇集成河流，人们团结是力量。　　俄罗斯

真正的友谊犹如健康，非到失去时不知其可贵。　　英国

口头上的朋友和拿在手里的假币一样。　　英国

爱情·婚姻·生活

生命是花，爱情是蜜。　法国

感情是心灵的翅膀。　英国

志同道合是爱情的基础。　欧洲

爱情不只是月夜里并肩散步，更是风雨中的携手同行。　欧洲

爱情是一首美好的歌，但它却不容易谱写成功。　俄罗斯

只有对人类最强烈的爱，才能激发出一种必要的力量来追寻和领会生活的意义。　乌克兰

一个人真爱的时候，甚至会想不到自己是爱着对方。　以色列

精神的沟通用不着语言，只有两颗充满着爱的心就行了。　法国

爱情是温柔的，却又像荆棘一样刺人。　英国

爱不会死，人会。　欧洲

情人的眼睛如果失去光彩，心中的花朵一定枯萎。　波兰

蒙着眼的爱神，却能准确地走进恋人的心灵。　英国

一块布能做两件衣服，可一颗珍珠不应分成两半。　芬兰

在两棵树上筑巢的小鸟是得不到快乐的。　捷克

爱情的火焰，需要不断添加忠诚的干柴。　俄罗斯

忠诚的胸怀，是爱情安全的港口。　德国

天下夫妻多，珠联璧合少。　英国

无爱情的家庭不能算真正的家庭，正如无灵魂的肉体不能算真正的人一样。　欧洲

猜疑是爱情之树上的一把斧头。　欧洲

倘不互相尊敬，爱亦难持久。　法国

美而无德，犹如玫瑰花之无香。　丹麦

爱情的王国不能用刀剑统治。　英国

勇士能用双手扯断铁链，却会屈服于情人的微笑。　希腊

已经产生恋情的姑娘，能够征服一个勇敢的小伙子。　土耳其

爱为结婚的曙光。　法国

爱能使草屋变成黄金窝。　荷兰

爱情能化陋室为宫殿。　德国

跟恋人在一起，窝棚也不比天堂差。　欧洲

爱情是不能买卖的。　英国

漂亮而无德的女人是醉人之酒。　德国

如果钱财是新娘，爱情很难持久。　德国

不是和财产，而是和丈夫过一辈子。　俄罗斯

谨慎之人择勤俭之妻。　德国

爱情为钱万恶之源。　英国

不幸的婚姻，是不幸的源泉。　英国

爱情是美德的试金石。　英国

久经考验的爱情不会生锈。　俄罗斯

真挚的爱情，不会随白发而衰老。　法国

真正的爱情永不变心。　英国

时间往往是爱情的试金石。　英国

轻浮的姑娘动辄就厌恶自己的恋人。　土耳其

把爱拿走，我们的地球就变成一座坟墓了。　法国

真爱无坦途。　英国

观察一个人，最好观察他怎样恋爱。　英国

心中所爱的人总是美貌的。　土耳其

爱倒是只管爱，不过得多用你那双眼睛。　欧洲

爱会使人又盲又聋。　以色列

爱情不是一颗心去敲打另一颗心，而是两颗心共同撞击的火花。　俄
罗斯

高尚的女子注意于男子的心地更甚于注意他的外貌。　英国

为着品德而去眷恋一个情人，总是一件很美的事。　希腊

道德中最大的秘密是爱。　英国

真正的爱，就要把疯狂的或近于淫荡的东西赶得远远的。　希腊

爱，和炭相同，烧起来，得想办法叫它冷却；让它任意着，那就要把
一颗心烧焦。　英国

爱情使人的力量的感觉更丰富起来。　俄罗斯

爱情的舌头是在眼睛里。　德国

爱情不只是一种感情，它同样是一种艺术。　法国

没有爱情可千万不要结婚。　英国

真正持续的爱情必须有尊敬才能成立。　德国

最大的恨产生于最大的爱。　英国

建立在美丽上的爱，像美丽一样快地消逝。　欧洲

当爱情的浪涛消逝以后，我们应当友好地分手，说一声"再见！"

英国

一个美丽的姑娘只能悦目，只能带来一时的欢乐；一个高尚的姑娘可以赏心，能带给你一辈子幸福。　欧洲

外貌只能炫美于一时，真美方能百世不殒。　德国

好的宝石不用修饰。　芬兰

美貌无需搽脂抹粉。　英国

诚实不需假于笔墨，美丽不需假于粉黛。　英国

不是因为漂亮才喜欢，而是因为喜欢才漂亮。　欧洲

爱情是美德的试金石。　英国

爱情不可能没有一点忧伤。　英国

爱情的王国是不能用刀剑来统治的。　英国

爱情日久不生锈。　德国

爱情是感情点燃的火焰，燃烧着恋人纯洁的心。　英国

爱情和贫困都难以掩饰。　英国

爱情作报酬，再累也轻松。　英国

爱情甚至能把一颗冷酷的心变得温柔。　英国

爱情怕的是老化。　俄罗斯

爱情是一支美妙的歌子，可编好它又谈何容易啊！　俄罗斯

爱情不是箱子里的财宝，而是心灵深处的珍珠。　俄罗斯

爱情的火焰，需要添加忠诚的干柴。　俄罗斯

爱情要求忠诚，而忠诚要求坚定。　英国

爱不贵亲密，而贵久长。　英国

真正的爱情能够鼓舞人，唤醒他内心沉睡着的力量，和潜藏着的才能。　意大利

忠诚的胸怀，是爱情的港口。　德国

寻觅得来的爱情是美好，但不经索求而赋予的爱情更为佳妙。　英国

最甜的蜜糖会使味觉麻木，深沉的爱才能维持久远。　英国

高高的山巅不会断雾，忠实的心灵不会断情。　俄罗斯

一颗心装不下两份爱情。　俄罗斯

报答爱情只能用爱情。　英国

少女的心都向着才智出众的小伙子。　俄罗斯

已经产生恋情的姑娘能够征服一个勇敢的小伙子。　土耳其

追求美而不亵渎美，才是真正的爱。　希腊

别只顾如何美貌，要看善良有多少。　土耳其

别只看面容的诱惑力，要看灵魂有多美。　土耳其

外表美不等于心灵美。　英国

最美丽的玫瑰，节令到了也要凋谢。　英国

美貌七七四十九天，善良七七四十九年。　土耳其

美容只一时，善良管一生。　土耳其

自然美总是超过人工美。　英国

美容不持久，善良却永留。　德国

姿色漂亮在婚前，智能得用于一生。　俄罗斯

鸟才靠羽毛来装饰。　英国

心中所爱的人总是美貌的。　英国

一旦爱上了猫头鹰，就觉得比天鹰还美妙。　俄罗斯

欢笑使人年轻，爱情使人变美。　芬兰

心爱的姑娘就是美人。　俄罗斯

疼痛催人哭泣，爱情催人诉说。　土耳其

对最爱的人，能说的话最少。　英国

眼睛是爱情的信使。　德国

和情人在一起，茅屋也是天堂。　俄罗斯

你爱牧人，就得爱牧人的狗。　俄罗斯

爱玫瑰的人也爱玫瑰的刺。　土耳其

吃充满爱情的干面包比吃充满恐惧的肥鸡要甜美。　英国

只要相爱，美女会把不起眼的小伙子当宝贝。　英国

生就的美貌不需要打扮，难看的长相打扮了更难看。　英国

美貌与愚蠢常是朋友。　英国

姑娘的沉默是最好的回答。　土耳其

真正的爱情不可能一帆风顺。　英国

真挚的爱情是给予，而不是获取。　英国

有针的地方也就会有线。　英国

没有一个大海会没有浪，没有一道门会没有环，没有一个姑娘会没有爱。　土耳其

没有比在恋爱中更痴情的人了。　英国

强迫的爱情难持久。　英国

最深沉的恨来自最真切的爱。　英国

爱得匆忙冷得也就快。　英国

不尝苦中情，不识情中甜。　俄罗斯

匆匆结姻缘，闲来悔不尽。　英国

为钱财结婚，等于出卖自身。　英国

过早地成家结婚，不幸就在眼前。　俄罗斯

在爱情丧失的地方，我们就察见所有的缺点了。　英国

贵重的船轻易不出港，好姑娘对婚嫁要考虑再三。　英国

轻佻的爱，只是一种感情游戏，就像是春天里的一朵紫罗兰，开得早，谢得快。　英国

轻浮的姑娘动辄就厌恶自己的恋人。　土耳其

写字在不断练习中达到美观秀丽，爱情在别离时得以坚实巩固。　土耳其

没有爱情的地方，就不会有欢乐。　俄罗斯

严寒能伤耳，爱友能伤心。　俄罗斯

宁要情人手中的泥浆，也不要仇人手中的蜜糖。　俄罗斯

阻挡一个准备出嫁的姑娘比阻挡一场将下的雨要困难得多。　俄罗斯

心不是桌布，不会在任何人面前都摊开。　俄罗斯

食物要送给肚饿的人，女儿要嫁给真爱的人。　俄罗斯

与其在皇帝怀抱里提心吊胆，不如在穷汉怀抱里舒心欢畅。　俄罗斯

为财物而嫁，不如长眠入地下。　俄罗斯

人最得意的时候，常有最大的不幸光临。　希腊

思危才能居安。　**美国**

从快乐到忧伤只是一刹那，而从忧伤到快乐却需经年。　**欧洲**

危险和快乐长在同一条茎上。　**英国**

没有一个伟人没有被误解过。　**欧洲**

如果说皱纹一定会显露在我们额头上的话，那就不要让它们显露在内心里。　**英国**

用生活求取永生的人，决不怕死。　**英国**

生活的全部意义在于无穷地探索尚未知道的东西。　**法国**

生活中的一件小事往往会成全一个人，也往往会败坏一个人。　**法国**

一个人的佳肴，却是另外一个人的毒药。　**英国**

顽童手中的弹弓，鸟儿眼中的死亡。　**欧洲**

每一种挫折或不利的突变，是带着同样或较大的有利的种子。　**美国**

寻求烦恼的人总会找到烦恼。　**英国**

在幸运上不与人同享的，在灾难中不会有忠实的友人。　**希腊**

没有一种不幸，可与失掉的时间相比。　**乌克兰**

内心的皱纹比脸上的皱纹更难消除。　**德国**

任何创伤比心灵的创伤要好。　**以色列**

口中之糖无助于心中之苦。　**以色列**

隐藏的忧伤如熄火之炉，能使心烧成灰烬。　**英国**

黎明虽然可爱、美丽，但接踵而至的白天那光和热却比黎明时分更大得多。　**俄罗斯**

一个人不幸的程度要看他自己对于不幸的认识来决定。　**意大利**

你有一天将遭遇的灾祸是你某一段时间疏懒的报应。　**法国**

流泪有些慰藉：悲伤被泪水消除和带走。　　**意大利**

人们没有权利单单记住人的眼泪，而看不见眼泪化成彩虹。　　**法国**

认识了生活的全部意义的人，才不会随便死去。　　**乌克兰**

不要感叹生活的痛苦！——感叹是弱者。　　**俄罗斯**

所有的悲剧以死亡告终，所有的喜剧以婚礼结束。　　**英国**

在一切有困难的交涉中，不可希冀一边下种一边收割。　　**英国**

奇迹多是在厄运中出现的。　　**英国**

悲伤的唯一治疗是做做什么事。　　**英国**

摆脱心事最好的方法是工作。　　**俄罗斯**

没有什么厄运不可以通过藐视来克服它。　　**法国**

一个人减轻自己苦恼的可靠方法，是去减轻别人的苦恼。　　**欧洲**

人们烦恼、迷惑，实因看得太近而又想太多。　　**法国**

长在粪堆上的花往往比种在花园里的花更美丽。　　**英国**

生活最沉重的负担不是工作而是无聊。　　**法国**

行动不一定带来快乐，但没有行动则肯定没有快乐。　　**英国**

辛勤的蜜蜂永远没有时间悲哀。　　**英国**

休息是好事，但无聊是它的兄弟。　　**法国**

在对生活有着理智的清醒态度时，人们就能够战胜他们过去认为不能解决的悲剧。　　**俄罗斯**

苦难是人生的老师。　　**法国**

不幸是一所最好的大学。　　**俄罗斯**

受苦比死更需勇气。　　**英国**

没有哪一个聪明人会否定痛苦与忧愁的锻炼价值。　　**英国**

幸运并非没有许多的恐惧与烦恼；厄运也并非没有许多的安慰与希望。　**英国**

未经过考虑的生活是不值得过的。　**希腊**

为生活而饮食，勿为饮食而生活。　**英国**

生活而无目标，犹如航海而无指南针。　**英国**

没有目标的生活，犹如没有舵的船。　**英国**

生活中缺乏明确的世界观，生活就变成了一种负担。　**南斯拉夫**

混日子的生活只是早死而已。　**丹麦**

过着邪恶生活的人不会正直地死去。　**欧洲**

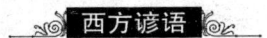

家庭·亲人·朋友

家园是世界的乐园。　德国

鸟自爱巢人爱家。　英国

生活在失去和睦的家庭里，等于生活在地狱里。　土耳其

夫妻和睦，一家之福。　俄罗斯

和睦可建造大厦，而猜疑却会毁灭它。　德国

夫妻的爱，使人类繁衍；朋友的爱，给人以帮助；但那种荒淫纵欲的
爱，却只会使人堕落毁灭！　英国

看到一对年老夫妇彼此相爱，那是最好的光景。　英国

一对穷困的彼此相配的夫妇，比一对占有全世界的财产的离心离德的
夫妻幸福得多。　法国

结婚太早，怨恨到老。　英国

早婚是后悔之基。　希腊

结婚之后，以温和为贵。　葡萄牙

一瞬间的忍耐，为十年安乐的源泉。　希腊

忍耐是快乐之门。　德国

一块银元敲不响，一个人吵不起架。　英国

争吵是由于双方互不相让的结果。　英国

粗暴足以毁灭爱情。　英国

父母之恩，水不能溺，火不能灭。　俄罗斯

母亲的心是儿女的天堂。　意大利

母性的欢乐是无与伦比的，特别是在所有的孩子都安睡的时候。　欧洲

母亲的击打决不会使孩子残废。　以色列

一切孩子都需要爱，特别是那些不值得爱的孩子。　欧洲

一个人易于为自己所爱的人愚弄。　法国

妇女对于其容貌信仰越深，其家庭的衰败越快。　西班牙

孩童是世界最可爱和最纯洁的东西。　英国

肥沃的土地不耕耘，也会杂草丛生。　欧洲

好马也要训练，好孩子也要教育。　英国

人从小向母亲学习。　土耳其

母亲之爱，是最高尚之爱。　德国

母亲之爱，春天常在。　法国

父亲的优良品德，是给儿子的最好遗产。　比利时

父母的美德是子女最大的财富。　法国

劣布不能做美服。　英国

弯曲的树苗长成弯曲的大树。　英国

一只宠坏了的小羊，他日成为一只蛮横的大羊。　英国

宠是害，严是爱。　英国

严师的责骂胜过慈父的溺爱。　以色列

溺爱子女的人，他日必贻后悔。　土耳其

与其给孩子批评，不如给他范本。　法国

模范比教训更有力量。　希腊

好妻子能促使自己的丈夫成为好丈夫。　英国

妻贤衣不破。　土耳其

孔雀美丽在羽毛，妻子美好在性格。　俄罗斯

不尊重自己妻子的人，自己也不会受人尊重。　英国

酿酒要挑沃土的葡萄，选妻要选善良母亲的女儿。　英国

最美丽的王冠是纯金制成，最美好的妻子是贤良的女人。　英国

丈夫用口袋攒钱，不及妻子用瓦罐攒钱。　俄罗斯

无论在何方，家总是最好的。　英国

鸟儿总是双双对对绕着窝子飞。　芬兰

无妻之汉犹如无冠之树。　德国

家里没有主妇，就像浴室没有热水。　芬兰

家里没有妇女，等于灶膛里没有火。　土耳其

男人没有妻，就像板棚没有顶。　芬兰

家里没有男人，好比白天没有太阳。　土耳其

漂亮的妻子看起来好，与贤惠的妻子一起生活好。　俄罗斯

结婚第三天别吹，结婚第三年再夸！　俄罗斯

莫夸妻的脸蛋，应夸妻的能干。　俄罗斯

在父母那里幸福的不算幸福者，在丈夫那里幸福的才是真正的幸福者。　俄罗斯

父母惜女至结婚，丈夫惜妻至临终。　俄罗斯

娶个好妻子，悲愁全不知。　俄罗斯

丈夫是头，妻子是心。　俄罗斯

没有睡过地板的人，不知家里有多安然。　土耳其

即使是在天堂住，一个人也感到寂寞。　俄罗斯

两口心心相印，草房美如宫廷。　罗马尼亚

相爱的夫妻枕着大斧头也能睡觉。　俄罗斯

别在人家夫妻事情里插一脚。　土耳其

自家人吵嘴，外人别去管。　俄罗斯

家庭不和睦，不会有幸福。　俄罗斯

家中有纷争，见家心不乐。　俄罗斯

一家之计在于和，家庭分裂苦楚多。　英国

在有条理的家庭里，不幸的事情也会发生的呢。　英国

家庭没有爱情，就像树木没有树根。　俄罗斯

只有母亲为儿女的哭泣是由衷的。　土耳其

没有比自己的母亲更好的朋友。　俄罗斯

鸟喜春光，母爱子女。　俄罗斯

儿子指头痛，母亲就心痛。　俄罗斯

母心温暖胜过太阳。　俄罗斯

母亲的抚爱无止境。　俄罗斯

母亲的低语总是最甜蜜。　英国

有怎样的母亲，就有怎样的子女。　俄罗斯

母亲的爱抚能使石头变软。　俄罗斯

母亲对孩子的耐心是无限的。　俄罗斯

母亲的怒气像雪花，下得多化得快。　俄罗斯

母亲哺养儿女，土地哺养人类。　俄罗斯

从母亲嘴里出来的即使是责骂，也是应该感谢的。　俄罗斯

母爱不会衰老。　德国

天塌地陷，母爱不变。　英国

父亲一只手，母亲一颗心。　俄罗斯

食物可以和外人共尝，痛苦却只能向父母倾诉。　俄罗斯

儿子不是生出来就会好的，好儿子是教出来的。　俄罗斯

儿子的荣誉是父亲的欣慰。　俄罗斯

聪明的儿子怕重话，愚笨的儿子不怕打。　俄罗斯

淘气的小儿有时会成为争气的少年。　英国

众人夸奖的女儿才是好女儿。　俄罗斯

你要了解女儿的品行，只需看她跟什么人来往。　美国

孩子不哭，妈妈不哺。　土耳其

乌鸦总是把自己的雏儿想象成凤凰。　土耳其

穷苦人家的孩子能养成坚强不屈的性格。　芬兰

富贵人家财产多，贫苦人家孩儿好。　土耳其

国王的孩子也不过是孩子。　芬兰

孩子和愚人不会撒谎。　英国

公鸡的儿子一定会歌唱，因为它的父亲是歌唱家。　芬兰

母鸡不管孵出多少小鸡，但总能把它们都覆在自己的翅膀底下。　芬兰

靠父亲的才智成不了学者。　土耳其

勤快的母亲身边往往成长起懒惰的孩子。　芬兰

温热的房子里没有母亲，也觉得是阴冷的。　芬兰

靠父亲的遗产过不了一辈子。　土耳其

祖宗的遗产像蜡烛，越点越小。　土耳其

孩子任其放荡，那么总有一天会把锅灶掀翻。　土耳其

天真无知者倒往往能道破事理。　英国

父亲不能养活儿女一辈子，母亲不能照料儿女一生。　芬兰

家里有两个女人，那么地板就往往是肮脏的。　土耳其

孩子像花朵，总需多照料。　俄罗斯

不爱双亲的姑娘坏，不敬长辈的儿子坏。　俄罗斯

恶亲戚不如善邻居。　俄罗斯

无爱情的家庭是无根系的树木。　俄罗斯

无食物的家庭是常有的，无口角的家庭从来没有。　俄罗斯

家有糟糕妻，头发白得早。　土耳其

朋友的价值，超过黄金满仓库。　欧洲

正义的人朋友多。　欧洲

那些会珍惜朋友的人，本身就是十足的黄金。　西班牙

朋友，是人生中至为珍贵的财富。　瑞士

朋友，是上帝送给你的最佳礼物。　卢森堡

朋友的后援，是安全的桥梁。　英国

朋友比天上的光线更明亮，因为对我们来说，宁可没有日光，也不能没有朋友。　南斯拉夫

世界上用得最普遍的名词是朋友，但是最难得到的也是朋友。　法国

不相信任何人和相信任何人，同样都是错误的。　意大利

不信任自己的人决不会真的信任其他任何人。　德国

一个人容易被自己欢喜的人所愚弄。　英国

你希望别人怎样对待自己，你就应该怎样对待别人。　德国

获得朋友的唯一办法是自己先成为别人的朋友。　美国

很多显得像朋友的人其实不是朋友，而很多是朋友的倒并不显得像朋友。　希腊

朋友是应该同甘共苦的，可是酒肉朋友总是他同你的甘，而让你共他的苦。　欧洲

应当选择那些在危险时能够在我们旁边的作为同盟。　希腊

身陷逆境，才知道朋友的真伪。　欧洲

我们能爱恨我们的人，但无法爱我们恨的人。　俄罗斯

朋友的眼睛，就是一面明镜。　美国

最好的镜子就是朋友。　英国

一个人没有好朋友。就看不到自己的缺点。　俄罗斯

临时结交的人，不能算是朋友。　英国

没有经过考验的朋友，就像没有剥开的胡桃。　俄罗斯

骗朋友是一次，害自己是终生。　芬兰

巨大的危险有这样的妙处，它能使陌生人中间的友爱显露出来。　法国

凡是交情经过考验的朋友，就应该把他们紧紧地团结在你的周围。
英国

笑脸乱丢，活该交不到真心朋友。　美国

权势的朋友是会离你而去的朋友。　英国

不到困窘时，很难识挚友。　欧洲

在我的草堆失火的时候，我认识了真正的朋友。　美国

要怀疑信誓旦旦的人。　欧洲

没有一个朋友的人不是一个完全的人。　法国

朋友如甜瓜，百试始得一。　法国

为朋友而死不难，难在找一个值得为之而死的朋友。　英国

除了一个真心的朋友之外没有一样药剂是可以痛心的。　英国

不幸的人往往因有苦难相交的朋友而得到安慰。　英国

三言两语，他就表现出是一位好朋友的样子；一天两天，别人就认为他不是好朋友了。　欧洲

在危险之中，常有被疑的朋友成为救星，最被信用的成为卖友的人。

希腊

与损友为伍，不如独处。　欧洲

要想吸引朋友，须有好的品性。　欧洲

趋炎附势的小人，不可共患难！　英国

敌人笑脸能伤人，朋友责难是友爱。　俄罗斯

朋友间的不和，就是敌人进攻的机会。　希腊

朋友有来有去，仇人则有增无减。　美国

酒肉朋友会把你捧上天，但也会把你打入地狱。　欧洲

人最要紧的是自尊。　希腊

谁自重，谁就会得到尊重。　法国

宁愿以诚挚获得一百名敌人的攻击，也不愿以伪善获得十个朋友的赞扬。　匈牙利

半心朋友，就是半个叛徒。　法国

勉强施惠不值得感谢。　英国

伪善的朋友，比公开的敌人更坏。　英国

不信任朋友比被朋友所骗更丢脸。　英国

宴会上需要蜜酒，困难中需要挚友。　非洲

世界上用得最普遍的名词是朋友，但最难得的也是朋友。　法国

两个人共尝一个痛苦，只有半个痛苦；两个人共享一个欢乐，却有两个欢乐。　德国

人无兄弟，尚能生活；人无朋友，便不能生活。　德国

小鸟需要美丽的羽毛衬托。　英国

财富并非朋友，朋友才是财富。　俄罗斯

朋友较金钱为贵。　荷兰

有很多良友的人，可以称为富者。　德国

真实的朋友，是胜于一切物件的最确切的资本。　德国

一个真心朋友是至宝，金银财物哪一样比得了。　英国

憎恨朋友，等于帮助敌人。　英国

选择朋友如读书一样要少而精。　英国

与万人为友，则无一相知之友。　西班牙

滥交朋友的人没有真朋友。　英国

当朋友哭的时候，敌人就会笑。　俄罗斯

指望朋友无缺点，永远休想交朋友。　英国

跟狼在一起，就得学狼叫。　英国

当鸽子和乌鸦开始交往的时候，虽然它的羽毛仍然是白色，但是它的心却变黑了。　德国

只要知道你跟谁来往，就知道你是什么人。　**德国**

至友胜于近亲。　**西班牙**

羊毛虽白，但染之黑则黑。　**英国**

老酒味醇，老友情深。　**英国**

人生·健康·疾病

在人生的任何场合都要站在第一线战士的行列里。　**俄罗斯**

人的一生就是这样：先把人生变成一个科学的梦，然后再把梦变成现实。　**法国**

为时代的伟大目标服务，才是不朽的。　**俄罗斯**

人生如下棋，深谋远虑者获胜。　**欧洲**

人生就像一本书，这本书只能读一次。　**德国**

人生不是一支短短的蜡烛，而是一支由我们暂时拿着的火炬。　**爱尔兰**

谁游戏人生，谁就一世无成。谁不能主宰自己，就永远是一个奴隶。

德国

为伟大事业献身的人，永远不会被人们遗忘。　**美洲**

行善流芳千古，作恶遗臭万年。　**俄罗斯**

森林的道路永远不会平直。　**英国**

生活的道路上，有蔷薇也有荆棘。　**英国**

人生最终的价值在于觉悟和思考的能力，而不只在于生存。　**希腊**

懂得生命真谛的人，可以使短促的生命延长。　**意大利**

一段漫长而沉思默想的生命，是一次伟大的历险。　法国

人生是非常短暂的，但如果只注意到生命的短暂，那就一点价值都没有了。　英国

一直到最后的一瞬间，我们都是以自己为对象扮演喜剧。　德国

生命的意义在于设身处地替人着想，忧他人之忧，乐他人之乐。　德国

悲观的人虽生犹死，乐观的人永葆青春。　英国

生活只有在平淡无味的人看来才是空虚而平淡无味的。　俄罗斯

即使拥有世界上所有的东西，也没法换来人的生命。　法国

生命越完善，创造能力越得到发挥。　德国

真实是人生的命脉，是一切价值的根基。　美国

灵魂由衰老而年轻，这是人生的喜剧。　英国

人的一生是短的，但如卑劣地过这一生，就太长了。　英国

失去勇气的人，生命已死了一半。　英国

一个生存着的人，其唯一的目标是珍肴美酒、大厦华服，这只是行尸走肉罢了。　英国

能将自己的生命寄托于他人记忆中，生命仿佛就加长了一些。　法国

死并不是人生最大的损失，虽生犹死才是人生最大的损失。　欧洲

因担忧死而把生命弄乱了，因担忧生而把死弄乱了。　法国

生活，而不为生命俘虏。　法国

生比死难得多。　爱尔兰

忍受痛苦，要比接受死亡需要更大的勇气。　法国

醒着的人有一个共同的世界，睡眠者各有自己的个人世界。　欧洲

世界上能为别人减轻负担的，都不是庸庸碌碌之徒。　英国

四十岁是青年的晚年；五十岁是老年的青春时代。　法国

不要为旧的伤心事浪费新的眼泪。　希腊

内心没有生气的人所看到的天地万物是枯萎的。　法国

借着药物，也许能够延长生命，但死亡也是会光顾医生的。　英国

寿命的缩短与思想的虚耗成正比。　英国

不要指望烦恼会中止，如果烦恼中止了，生命也就中止。　美洲

一切利己的行为，都是非理性的、动物的生活。　乌克兰

克服对死亡的恐惧，你就掌握住自己的生命。　法国

绝望是走向死亡的疾病。　法国

疾病不仅在于身体的故障，往往在于心的故障。　美国

运动的作用可以代替药物，但所有的药物都不能代替运动。　法国

死于饱食的人，多过死于营养不良的人。　英国

壮美的死，显示一生的丰实。　欧洲

死亡也许是免费的——但它是用一生换来的。　欧洲

崇高是死者的太阳。　法国

一个人不再可能自豪地活着，就应当自豪地死去。　德国

疾病为人感觉得到，健康则完全感受不到。　欧洲

任何一只害鸟也不会弄脏自己窝巢。　英国

不要担心老起来；到你停止老起来的时候，你就死了。　欧洲

干什么事，就成什么人。　西班牙

人生天地间，并非为自己。　英国

邪恶的生，就是一种死。　意大利

避免不了出生，为什么要逃避死？　欧洲

了解生命而且热爱生命的人是幸福的。　欧洲

生命并不等于活着，而是健康地活着。　美洲

我们得到生命的时候附带有一个不可少的条件：我们应当勇敢地保护它一直到最后一分钟。　英国

健康的人未察觉自己的健康，只有病人才懂得健康。　英国

一旦自私的幸福变成了人生唯一的目标，人生就会变得没有目标。　法国

重要的是如何生存，而不是如何死亡。　英国

静止的水是最危险的。　英国

不知道何时应该死的人，就不知道何时应该生。　美国

如果你晓得怎样利用人生，生命就是长的。　意大利

不要在怀疑或是恐惧中浪费生命。　美国

人死后留下一部好书，要比宫殿或陵园圣堂更有意义。　希腊

看破生死的人才能建大功立大业。　欧洲

应当以事业而不应当以寿命来衡量人的一生。　意大利

健康与才智，为人生两大幸福。　希腊

天下有千种疾病，却只有一种健康。　欧洲

健康的身体寓于健康的体魄。　意大利

健全的身体比金冕更有价值。　英国

病来方知健康贵。　英国

饮食少，休息好，快乐多，是却病延年之方。　英国

酒鬼唯一的财富是酒杯。　英国

暴饮能使人如恶魔。　英国

休息是我们的天然保姆。　英国

疾病是纵欲的代价。　英国

无聊是疾病，勤劳是良药。　法国

医治病痛最好的最宝贵的药品就是劳动。 **俄罗斯**

饱腹不知食美。 **意大利**

起床不早，一天工作干不好。 **英国**

健康始于睡眠。 **爱尔兰**

疾病与睡眠背道而驰。 **英国**

脱衣服睡觉时，也要把牵挂卸下。 **法国**

睡眠是生命中最重要的补品。 **英国**

越聪明的人越不在早上睡觉。 **英国**

过分的睡眠就是痛苦。 **希腊**

睡眠是串金链子，紧系着我们的身体与健康。 **英国**

过度的睡眠使得心灵生锈。 **英国**

健康舒适的睡眠，是天然的一剂回春药。 **欧洲**

吸烟会使你的生命失去一半。 **英国**

如果是丈夫喝酒，等于烧着了半栋房子，如果是妻子喝酒，等于烧着了整栋房子。 **俄罗斯**

饥饿是最好的厨师。 **德国**

饥饿是最好的调味品，疲劳是最好的枕头。 **印度**

运动是健康的源泉。 **英国**

生命在于运动。 **法国**

如果你想强壮，跑步吧；如果你想健美，跑步吧；如果你想聪明，跑步吧！ **希腊**

那些没有时间运动的人，将会有时间生病。 **美国**

节制贵于黄金。 **法国**

适量的劳动大有益于健康。 **英国**

永／恒／的／经／典

一个人太忙于照顾自己的健康，就如一个工匠太勤于看管他的工具。

西班牙

饮食不适可而止，厨师亦成下毒之人。　**俄罗斯**

饮食有度可无求于医。　**意大利**

患病还以为健康是最危险的。　**美国**

不能靠吃药过日子。　**英国**

医病不如防病，预防胜于治疗。　**英国**

不和太阳同起，不得当日的快乐。　**欧洲**

节欲是最好的药品。　**英国**

活得好等于活得久。　**英国**

人的生命总是短暂的。　**英国**

人刚出娘肚皮时都一丝不挂。　**土耳其**

过一生，不像过田野那么容易。　**俄罗斯**

度过一生犹如渡过海洋。　**俄罗斯**

生活不是石块，它不留在原地，而是滚滚向前。　**俄罗斯**

岁月逝去如春潮。　**俄罗斯**

年轻人漂亮，老年人明智。　**芬兰**

年轻人做工作，老年人出主意。　**俄罗斯**

年轻人适于战斗，老年人适于思索。　**俄罗斯**

青年时代不会没有蠢事，老年时期不会没有糊涂。　**俄罗斯**

青春不能挽回，老年无法避免。　**俄罗斯**

乌鸦自幼未在云端飞，待到老年飞不起。　**俄罗斯**

人如随年老而成熟，那就美如醇醪。　**英国**

哪里没有好的老人，哪里就不会有好的青年。　**俄罗斯**

谁活得长，谁知道得多。　**俄罗斯**

不是活得长的人知道多，而是走得远的人知道多。　**俄罗斯**

自己未老时，不知老年人。　**俄罗斯**

老年享福不嫌迟，青年享福可嫌早。　**俄罗斯**

年轻人相信许多假东西，老年人怀疑许多真东西。　**德国**

年轻时代努力，年老才会心安。　**俄罗斯**

有条理者二十五岁已是首脑，无条理者五十岁还是孩子。　**俄罗斯**

年轻人往往思想新。　**俄罗斯**

年轻的心总是更接近真理。　**俄罗斯**

嫩树会弯，老树不曲。　**保加利亚**

老年人收获的是他年轻时播种的。　**俄罗斯**

老年人的精神寄托在回忆上，青年人的精神寄托在希望上。　**俄罗斯**

老人在青年中间会变得迟钝，青年在老人中间会变得聪明。　**俄罗斯**

与其问长期躺着的老人，不如问遍历世界的青年。　**俄罗斯**

骑小走马者会失去同路人，活得很长者会失去同岁人。　**俄罗斯**

不应向活得久的人学习，而应向见得多的人学习。　**俄罗斯**

年轻时劳动，年老时富足。　**俄罗斯**

绿色的会变黄，年轻的会成长。　**俄罗斯**

判断马匹要在它疲劳时，评论骑手要在他年迈时。　**俄罗斯**

一个人的青春不可能有两次。　**俄罗斯**

年轻时知道的事刻在石上，老年时知道的事写在冰上。　**俄罗斯**

人往往会当两次孩子：第一次在一岁的时候，第二次在一百岁的时候。　**俄罗斯**

头发白了不见得智慧增了。　**俄罗斯**

前辈开创，后辈继续。　俄罗斯

年轻人常用"我走"来吓唬人，老年人常用"我死"来吓唬人。　俄罗斯

六十岁的糊涂人不如六岁的聪明孩子。　俄罗斯

鄙琐的青春莫如受敬的老年。　芬兰

老年也不免有愚蠢的时候。　芬兰

年轻人就是贫困也是欢乐的，老头子就是富裕也是忧郁的。　芬兰

年轻人肚子吃饱就浑身是劲，老年人睡个好觉就精神焕发。　芬兰

活过的年头如泼出的水，是无法收回的。　俄罗斯

别笑老年人，自己也会老。　俄罗斯

虽然是年事已高力渐衰，可是经验丰富人聪明。　芬兰

快乐首先在于有健康的体魄。　英国

疾病是可以感觉到的，但健康则完全不觉得。　英国

他并不记挂睡得不好，那他就已经睡得很好了。　英国

世界上没有比结实的肌肉和新鲜的皮肤更美丽的衣裳。　俄罗斯

疾病总是在人不知不觉中来到的。　芬兰

不是任何疾病都能置人于死地的。　芬兰

埋入土中的会生长，困在床上者会枯瘦。　俄罗斯

病者顾不到闲谈，疲者顾不到玩耍。　俄罗斯

得金钱易而得健康难。　俄罗斯

穷汉的财产是他的健康。　俄罗斯

未病过的人，不珍惜健康。　俄罗斯

生病以前就应学会珍惜健康。　俄罗斯

肚饱者不了解饥饿的，健康者不理解有病的。　俄罗斯

神经过敏会得病，满怀希望体复康。　俄罗斯

好食能治重病。　俄罗斯

疾病来自食物，讼争来自亲戚。　俄罗斯

疾病能治，习惯难改。　俄罗斯

谁隐瞒自己的病，就找不到治病的药。　土耳其

能活着而不病不妒的人才是幸福者。　俄罗斯

狐狸不爱听狗叫，病人不爱开玩笑。　俄罗斯

无忧无虑的人喝水也能恢复健康。　俄罗斯

想要药，得问病过的人。　俄罗斯

渡河之后不需渡船，病愈之后不需医生。　俄罗斯

治晃动的牙齿最好的药就是把它拔掉。　俄罗斯

小药能治大病。　俄罗斯

半个医生使人丧命，半个教士使人失信。　土耳其

邻居使你不安，你就搬家；牙齿使你不安，你就拔掉它。　俄罗斯

饱食终日、无所用心——东痛西疼、病魔缠身。　芬兰

疾病进门时一担一担，疾病离家时一两一两。　俄罗斯

疾病来时大步跨，疾病离身缓缓爬。　芬兰

即使是高明的医生，也不是任何伤都能治愈。　芬兰

暴食杀人尤多于利剑杀人。　英国

饮食有节制，不用找医师。　英国

少吃多滋味，多吃伤肠胃。　英国

饮食少、休息好、快乐多，三者乃除病益寿之良方。　英国

多餐少吃体得健。　英国

适度是健康之母。　俄罗斯

一分的预防胜似十二分的治疗。　英国

爱惜衣衫应从新的时候起，保重身体应从年轻时候起。　俄罗斯

疾病往往是纵欲的恶果。　英国

人只有待到健康丧失时才懂得爱惜健康。　德国

健壮的公牛连烂稻草也是好饲料。　土耳其

健康乃无价之宝。　德国

健康的人往往是快乐的。　土耳其

无病应思有病时。　英国

早睡早起人长寿。　德国

想把事情都办好，就得坚持起身早。　英国

不要胖，只要健。　俄罗斯

死神面前人人平等。　俄罗斯

死亡面前无分高低贵贱。　英国

两次死，不可能；一次死，不可免。　俄罗斯

有生必有死。　英国

永生不死的灵丹妙药人间根本不存在。　土耳其

谁也不能对死神进行报复。　土耳其

到落黑才能赞美白天，到死时方可赞美一生。　英国

月亮圆缺看出山时，做人怎样看送丧时。　土耳其

人在未死之前难以评价其一生。　土耳其

树是站着死的。　西班牙

正直的人不怕死。　土耳其

一个人成为光荣的烈士，不是因为他的死去，而是因为他生前的光荣
业绩。　法国

作为善良人死去远比作为邪恶者活着好。　英国

不要在死以前就已经死掉了。　俄罗斯

懦夫在断气以前，已经死过多次了。　英国

生时不行好，死时如兽鸟。　英国

狼对狗的死亡总是高兴的。　芬兰

生于安乐者常死于贫贱。　英国

自己活，也让别人活。　英国

死后不活在人们心里的人，等于没有活过。　英国

我们活在活着的人心里，那么我们就没有死去。　英国

能在他所知的领域内留下影响的人，他虽死犹生。　英国

死不是难事，最难的是把生活重新建起。　俄罗斯

人死山河在，何必空忧戚！　英国

爱憎·识人·对敌

不会恨的人，也就不会爱。　**德国**

对敌人的仁慈就是对自己人的残忍。　**俄罗斯**

姑息坏人就是伤害好人。　**英国**

十个朋友行好补偿不了一个敌人的危害。　**英国**

来自仇人的伤害好防，来自朋友的险恶难挡。　**英国**

敌人纵然小如鼠，防备也要如防狮。　**英国**

没有渺小的敌人。　**英国**

切莫授敌以剑。　**土耳其**

敌人的笑脸能伤人，朋友的责难是关心。　**英国**

站着的跟坐着的很难说话。　**俄罗斯**

蛇会有睡眠时，敌人则总是醒着的。　**土耳其**

把敌人引进厅堂，等于把毒蛇放在胸膛。　**英国**

狼和马成不了伴。　**俄罗斯**

狼不是马的朋友，熊不是牛的兄弟。　**俄罗斯**

不要让羊管菜园，不要请狼看羊圈。　**俄罗斯**

狼吃小山羊，自有歪道理。　俄罗斯

在狼面前羊总是有罪的。　芬兰

狼在梦中也想着羊群。　土耳其

如果对狼读经书，狼一定会说："快读完吧，一群羊快过完了！"

土耳其

豺狼要是肚饿，总是羊有罪过。　俄罗斯

把狼关在羊圈里，自讨苦吃。　俄罗斯

狼长得再乖，也不会变成狗。　俄罗斯

从狼嘴里休想夺回羊羔。　土耳其

狼说的话，绵羊不信。　土耳其

狼不管怎么饲养，它依旧向往着森林。　俄罗斯

披着羊皮的狼比不披羊皮的狼阴险十倍。　英国

孤羊逢狼，定遭祸殃。　英国

狼牙可掉，狼性难改。　英国

并不是冬天一到，狼都藏而不出了。　俄罗斯

狼的毛色会变，而嗜好则不会变。　土耳其

狼即使伪装成羊，也是为了吃羊。　俄罗斯

同狼一道过活，就得像狼一样嗥叫。　俄罗斯

狼在只剩最后一口气的时候，也想吃羊。　土耳其

要是狼死得断了种，羊群就平安无事。　英国

纵然剥狼七层皮，狼依然是狼。　俄罗斯

狼群已包围了牧人，就难得离脸脱身。　土耳其

狼离开森林是饥饿在驱使。　土耳其

贼认贼，狼认狼。　英国

不要招狼来帮狗的忙。　俄罗斯

母马跟狼和解后，它就没有回家转。　俄罗斯

跟狼打交道的人，身边莫忘带狗。　英国

没有牧羊人，豺狼就横行。　土耳其

护羊狗打架的时候，狼要钻空子。　俄罗斯

猫咬猫，老鼠笑。　俄罗斯

狼不在自己洞穴附近找食。　土耳其

狼并不像听到嗥叫时那样可怕。　英国

不要相信豺狼，你给他一个指头，它会吞掉你整条胳膊。　墨西哥

狐狸尾巴藏不住。　英国

当狐狸念经的时候，就得照管好你的鹅群。　英国

狐狸宣称它戒荤腥的时候，母鸡就应该防备了。　英国

狐狸肚里装着成百个故事，但全是关于偷鸡的。　土耳其

狐毛可能变灰，性却不会变善。　英国

狐狸会变老，但本性不会变好。　英国

狐狸偷了鸡，嘴边上就会粘着鸡毛。　俄罗斯

狐狸舔羊羔，兆头不吉祥。　英国

审鹅不应让狐狸来做陪审官。　英国

狐狸被拉去砍头时，把罪恶全都推给了狼。　土耳其

狐狸的奸计谋永远进不了狮子的头脑。　英国

只有酣睡的狐狸才不偷鸡。　土耳其

狐狸做梦也数鸡。　土耳其

老狐狸难得陷罗网。　英国

狐狸与狼都是抢劫老手。　英国

当你捉摸到狐狸狡猾的脾性，它早已影儿都不见了。　　土耳其

狐狸不管它出没多么诡秘，最后总归落入皮货商之手。　　土耳其

不管狐狸有多狡猾，它的皮还是经常在市场上出售。　　英国

提防不吠的狗，当心无声的水流。　　英国

把狗的尾巴砍了，它依然是条狗。　　英国

骏马的死亡是野狗们的节日。　　土耳其

从狗身上得不着羊皮。　　土耳其

老狗咬人咬得狠。　　英国

汪汪叫的狗不用怕，摇尾过来的狗可得提防它。　　俄罗斯

肉骨头打狗，狗不会吭声。　　英国

熊有时也对人笑的。　　芬兰

豹岂能改变身上的斑点？　　英国

朝过圣的驴子还是驴子。　　土耳其

有尸肉的地方就会有乌鸦。　　土耳其

千万莫让老鹰来照管你的小鸡。　　英国

哪里有蜜糖，哪里就有苍蝇飞旋。　　俄罗斯

苍蝇决不会酿蜜。　　俄罗斯

魔鬼也会引圣经来替自己辩护。　　英国

魔鬼不是牧师的朋友。　　俄罗斯

魔鬼总是把自己隐藏在十字架下。　　意大利

魔鬼往往用神圣的外衣引诱世人干最恶的行为。　　英国

上帝睡着的时候，鬼什么玩笑都敢开。　　俄罗斯

甜言蜜语，用魔鬼射向心脏的箭。　　美国

深渊静悄悄，鬼怪可不少。　　俄罗斯

全力喂养，悉心培育，到头来是个妖魔。　俄罗斯

大鱼水中游，小鱼不打盹。　俄罗斯

虫子喜欢最好的苹果。　德国

莠草长得快。　俄罗斯

瓦罐与铁锅难结伴。　俄罗斯

不要轻视不足道的敌人，或者一个轻微的伤口。　德国

世上还没有一种方法，可以从一个人的脸上探察他的居心。　英国

在玫瑰园里过夜的，不全是百灵鸟。　波兰

朋友要去到处求，而仇敌就是家里都能找到。　土耳其

如果你不是愚蠢的病人，你就不会求救于魔鬼。　俄罗斯

恶人没有开口的时候，同常人没有两样。　丹麦

不到万不得已不树敌。　土耳其

一个敌人就已经太多了。　英国

假使让人骑上你的肩，很快他就会爬上你的头。　南斯拉夫

有人进了门我们不做声，他就会把驴子也牵进屋里来的。　土耳其

恶人总是得了一尺就要四尺。　俄罗斯

强占的东西越多，胃口就越大。　俄罗斯

任何一个骗子手都有自己的一套骗术。　俄罗斯

一个流氓可以微笑、微笑、再微笑，但也依然是个流氓。　俄罗斯

当敌人对你微笑时，你可得加倍警惕。　土耳其

总想毁灭别人的人，自己必将毁灭。　英国

玩刀剑者，必死于刀剑。　意大利

谁在剑锋上寻求欢乐，他必死于剑。　芬兰

煽动风暴者，自己必陷于风暴。　美国

想抢别人的皮毛，自己会被剥得精光。　俄罗斯

敌人给你一块肉，为的是要你一头牛。　意大利

想吃别人的香肠，往往会失掉自己的火腿。　俄罗斯

敌人送来的礼物，不是有毒的蛋糕就是杀人的匕首。　南斯拉夫

坏人往往乘虚而入。　英国

把敌人看做儿戏，无异于准许敌人杀害自己。　英国

对俯在你脚下求饶乞怜的人，决不可使他触及你的剑。　英国

诗不是读给敌人听的。　土耳其

戴上假面的朋友，常常是先恭维你，然后设下陷阱来坑害你。　俄罗斯

纵然你要宽恕敌人，也不能相信敌人。　英国

用刀鞘是不能搏击的。　芬兰

失火者只有救火，祈祷无济于事。　土耳其

白蚁长翅飞腾的时候，它的死期就到了。　土耳其

和熊打交道，斧头要握牢。　俄罗斯

和狐狸交朋友的人，腰里要系个网。　英国

门不关，狗就会进来。　英国

门户关不紧，圣贤起盗心。　英国

解除武装的和平是脆弱的。　英国

正义和压迫不共戴天。　土耳其

以眼还眼，以牙还牙。　英国

血债要用血来偿。　英国

善来有善往，恶债以恶偿。　俄罗斯

打豺狼就别吝惜棍子。　俄罗斯

打狼不是因为狼难看，而是因为它吃羊。　俄罗斯

给朋友准备馅饼，给敌人准备拳头。　俄罗斯

莫将敌人当羊来对待，只可把敌人当狼来痛击。　俄罗斯

即使同狐狸斗，也要做好斗狮的准备。　土耳其

用巧计才能捉住狐狸，凭勇敢才能捉住狼。　俄罗斯

谁扔掉刀子谁吃亏。　南斯拉夫

对强盗只能用刀子，对恶狗只能用棍子。　南斯拉夫

狐狸不喜欢听到猎犬奔跑声。　土耳其

敏锐的眼睛能保护自己。　俄罗斯

要用两只眼睛注视敌人。　俄罗斯

哪里蔑视敌人，哪里战斗力就旺盛。　俄罗斯

对付敌人要兼备狼之勇、狐之智。　俄罗斯

好打盹、缺心眼——无异于把大门敞开。　俄罗斯

马虎草率的人为敌人打开门户。　俄罗斯

不是所有睁着的眼睛都能看清敌人的。　俄罗斯

失去战机的人是不能成为胜利者的。　俄罗斯

有了警惕，不幸的事就会躲开你。　罗马尼亚

打鼾者不一定是酣睡者。　俄罗斯

别受蜂蜜的诱惑，蜜蜂身上藏着刺。　俄罗斯

跟踪追狼捉不住，善用计谋将它捕。　俄罗斯

铺草上燃起的火最危险。　俄罗斯

一副漂亮的面孔可能隐藏着一颗肮脏的心。　俄罗斯

小孩易被糖果逗哄，大人会被誓言所骗。　俄罗斯

欺骗骗子不算欺骗。　英国

防御时要警惕，进攻时需神速。　俄罗斯

缺心眼的人最易上当吃亏。　俄罗斯

上教堂去的人未必是圣人。　英国

烧香的人并不都是诚心拜佛。　法国

穿起牧师的衣服，魔鬼也能上教堂的钟楼。　英国

魔鬼也会引证"圣经"来替自己辩护。　欧洲

豺狼朝圣不可信。　美国

魔鬼总是相似的。　美洲

隐蔽的火星比公开的火焰更可怕。　德国

阴险的邻居比凶恶的敌人更可怕。　拉丁美洲

狐狸说教，当心鹅被偷。　英国

狐狸说教，意在偷鸡。　美国

不要以为魔鬼躲在十字架后面就会发慈悲。　英国

黄鼠狼改不了偷鸡。　法国

狼的毛色可以改变，吃羊的嗜好永远不变。　土耳其

无论乌鸦怎样用孔雀的羽毛来装饰自己，乌鸦毕竟是乌鸦。　乌克兰

狼群里绝不会跑出羊羔来。　美国

即使剥掉狼的七层皮，狼仍然是狼。　俄罗斯

即使狐狸戴上白发，也显不出善良的面孔。　英国

黑猪再发誓也不会变白，乌鸦洗一百次也不会变成天鹅。　英国

表面正经心里坏，不露声色最可畏。　德国

恶人的恨可憎，恶人的爱更危险。　美国

咬人的狗不露牙。　英国

毒蛇外面软里面毒。　俄罗斯

邪恶的书籍往往装饰华丽。　英国

隐藏的魔鬼比现身的魔鬼更坏。　　**英国**

要提高警惕．狼会披上羊皮的。　　**英国**

提防不吠的狗，小心平静的水。　　**英国**

我们所不会怀疑到的敌人，才是最危险的。　　**美国**

朋友在背后夸奖你的好处，敌人当面夸奖你的好处。　　**俄罗斯**

错误·失误·谨慎

错误教人学得聪明。　土耳其

知过即改真英雄。　俄罗斯

人在错误中学习。　土耳其

承认错误意味着改正了一半。　法国

别怕第一次出错，要避免第二次再错。　俄罗斯

犯错误犹如碰壁，日后就会受到教益。　俄罗斯

小趔趄可防跌大跤。　英国

认真的人只错一次。　土耳其

错误往往从小事开始。　俄罗斯

马生四条腿，尚有失蹄时。　德国

世间无完人。　德国

即使像荷马这样高尚的人也会有失误。　英国

经验丰富的老妇人也有失算的时候。　俄罗斯

不会有无烟之火，不会有无过之人。　俄罗斯

只有死人才完美无缺。　英国

没有不生杂草的花园。 英国

人会犯错误，丝毫不足怪。 土耳其

过失难免的，不要吹牛皮。 俄罗斯

每个美人都能挑剔出不足之处。 土耳其

再能干的工匠也会有失手的时候。 英国

再好的射手也还会有射不中的时候。 英国

连太阳也有黑点。 俄罗斯

人不犯错误，啥也不会做。 英国

从不在长途颠簸的人，他当然也就不会跌倒。 英国

教长读经还会读错。 土耳其

仔细保护的眼睛还会有尘沙落入。 土耳其

峻峭的山壁会摔翻善于越岭的马。 俄罗斯

切一个面包总要损失一点碎屑的，办成一件大事总要付出一定代价
的。 俄罗斯

只有一事不做的人才不会有错误。 英国

哪里有木柴，哪里也就有木渣。 俄罗斯

我们都在人间，我们都是凡人。 俄罗斯

没有缺点的人是没有的。 土耳其

不做错事的人是没有的。 土耳其

瓦罐天天打水，难免有一天会撞破的。 俄罗斯

太阳不会一下子照及篱笆的两面。 英国

每个人都会犯过失，但只有愚者才坚持不改。 英国

最大的过失就是不知己过。 英国

最少错误的将军就是最好的将军。　英国

伟人也未必时时聪明。　英国

愚蠢者的本质就是只见到别人的过失而忘却了自己的错处。　英国

没有一个人是在旦夕间坏透了的。　英国

在洁白的布上污点最显而易见。　英国

能了解自己就是真正的进步。　英国

与其说我们有权防止错误，不如说我们有权不坚持谬误。　法国

剑不砍认罪的脑袋。　俄罗斯

决定问题时，要像虫样爬；决定问题后，要像鸟样飞。　德国

人再有才智，认识自己缺点的能力总不大。　土耳其

经过熟虑的思想最佳。　英国

做事应当深思熟虑，但时机到来，即须动手，切莫犹豫。　英国

一盎司的小心值得一磅的学问。　英国

没有考虑过的话，就如没有瞄准的乱箭。　西班牙

犹豫不决者失掉一切。　英国

沉着而实在的人在竞赛中获得优胜。　英国

说话谨慎，胜于雄辩。　英国

拼命不能算勇敢。　西班牙

谨慎是勇敢的一部分。　西班牙

谨慎是智慧的长子。　法国

暴戾是玻璃，谨慎是钻石。　英国

谨慎是安全之本。　英国

瓦罐经常去井里打水，总会有一天打破。　俄罗斯

意料不到的地方会蹿出一只野兔来。　西班牙

祸常生于不测。　英国

箭未搭好，先别拉弓。　英国

要是看不到底，就不要涉水。　英国

要玩滚球，就得准备应付不平的场地。　英国

小船应当靠近海岸行驶。　美国

从好处着想，从坏处着眼。　英国

迅速地行动，缓慢地思索。　希腊

慢火煮出好麦芽糖。　英国

从容稳重，无往不利。　英国

话在嘴里，属于自己，话一出口，人家所有。　英国

舌头虽小，可以毁掉一座城市。　意大利

三寸之舌可杀五尺之躯。　英国

没有考虑过的说话，犹如没有瞄准的乱箭。　西班牙

开口如银，沉默如金　德国

加倍小心总是好的。　法国

严谨慎重，智慧之母。　德国

与其说话不中肯，不如半句也莫说。　英国

一滴毒药可以毒化整桶酒。　英国

小雨能浸坏大路。　法国

小小木片，可以燃起大火。　英国

小漏洞能沉没大船。　美国

屋顶上省了一方砖瓦，屋子里烂了两个墙角。　西班牙

若是为了省几个钉子，就要浪费一副马掌。　智利

不注意小事情的人，将为更大的事情所苦恼。　德国

隐藏的火星比公开的大火更可怕。　德国

偷大偷小总是偷。　英国

杀狮应在幼小时。　英国

在你下剪下之前要量度三次。　意大利

量七次，裁一次。　俄罗斯

胸有成算，获胜已半。　西班牙

事前的谨慎，包含着事后的宽恕。　德国

最好能未雨绸缪，不可临渴而掘井。　英国

事后之谏，犹死后之药。　丹麦

事后的建议，等于收获后的雨。　英国

等到大炮说话时，争论已经太迟了。　英国

谨慎是智谋之母。　德国

谨慎是迅速成功的保证。　英国

谨慎为安全之本。　英国

聪明人往往谨慎而善疑。　英国

预防也是一种谨慎。　俄罗斯

没有谨慎的态度，智慧再多也无济于事。　德国

不知滩深浅，就从桥上过。　土耳其

预见隐患犹防患一半。　英国

哪里考虑不周到，兔子就会从哪里逃走。　英国

细心和勤奋是成功之本。　英国

尽管下雨，也不要把你的水壶扔掉。　英国

即使是晴天，也要把斗笠带在身边。　英国

出门一天要带上一星期的干粮。　俄罗斯

夏天出门不忘带伞，冬天出门不忘带粮。　土耳其

不要等到下雨才来做雨衣。　英国

虽然万里无云，也不要把雨衣留在家里。　法国

先看清楚了再跳。　英国

先要考虑好，然后大胆干。　德国

第一个主意不一定是最好的主意。　德国

小事注意，大事自成。　英国

危险和安全只不过一板之隔。　英国

小心能防患于未然。　英国

爱护眉毛的人才能保全眼睛。　俄罗斯

拐十个弯也比搁浅好。　俄罗斯

牧羊人没有猎狗，狼吃羊就不用犯愁。　土耳其

到狼那里去做客，莫忘了把猎犬带上。　土耳其

不谨慎的鸟兽个个猎手都打得着。　土耳其

拴着铃铛的骆驼不会走失。　土耳其

做事不牢靠，自己寻苦恼。　俄罗斯

羽毛未丰，切莫飞翔。　德国

要谨防那些鬼鬼祟祟的人。　土耳其

要谨防那前面舔你，后面抓你的猫。　德国

灾祸不在山后，它就在你背后。　德国

毛手毛脚事易败，谨谨慎慎事易成。　俄罗斯

做事一急躁，事就做不好。　俄罗斯

做事急急忙忙，招人笑断肚肠。　德国

没有谨慎态度的地方，任何智慧都无济于事。　德国

道路不会因为性急而缩短。　土耳其

急于骑马的人，一定骑不成马。　土耳其

一瞬麻痹大意，吃亏损失在眼前。　俄罗斯

慌慌张张登梯的人会跌下来。　英国

草率从事的人，必以懊悔告终。　土耳其

疏忽大意的头脑比敌人还坏。　土耳其

说话就像放麻雀，一离手就捉不回。　俄罗斯

一次深思熟虑胜过百次草率行动。　南斯拉夫

好好思考一天，比瞎干一周要强。　芬兰

进去之前要看看出口在哪里。　土耳其

要知道尽头在哪里，可别糊里糊涂跌入深渊。　俄罗斯

三个人知道的事情，就会有三十个人知道。　德国

不能指望个个磨坊主都靠得住。　芬兰

跟狗交朋友，棍子莫离手。　土耳其

先找旅伴后上路。　土耳其

在没有摸透马的脾气之前，千万骑不得。　土耳其

莫躺在沟底：水会把你冲走的；莫躺在高山上：风会把你吹跑的。

土耳其

估量自己嘴的大小来辡面包。　土耳其

仅有改过愿望而仍堕入地狱的人很多。　英国

前人忠告要牢记：停船要抛两只锚，一只断裂另一只抵。　希腊

和平时期手执剑，有备无患最保险。　英国

伟大的人物犯起过失来也大。　英国

别把手指伸入狼口。　俄罗斯

谨慎要比算命好。　俄罗斯

从后面近狗，从前面近马！　俄罗斯

侥幸一次，麻痹百回；麻痹一遭，悔恨终生。　英国

言语·行动·空谈

行动比言语更漂亮。　英国

别忙说，要忙做。　俄罗斯

说得漂亮是好的，做得漂亮就更妙。　英国

行动漂亮才是真漂亮。　英国

事实说话比言语有力得多。　德国

实例比训诲有用得多。　英国

没有行动的漂亮话分文不值。　英国

说话少的人做事会多。　俄罗斯

做事不像讲故事那样简单。　俄罗斯

故事说起来快，事情做起来慢。　俄罗斯

需要的是做出事来，而不是话语。　英国

建议容易，动手帮助就难了。　德国

能说会道并不能使你成为行家。　德国

光说不干的人像芦苇一样靠不住。　英国

说当然要比做轻松多了。　英国

言是言，行是行，两样东西不相等。　英国

言语是树叶，行动才是果子。　英国

大言不惭的人总是行动最少的人。　英国

要看一个人的行动，不要光听他的信条。　英国

不要以一个人的话，而要以一个人的行为，来判断他的为人。　俄罗斯

声音最响的蜜蜂不是好蜜蜂。　英国

能说会道并不能使你成为行家。　德国

温和的话能使人把藏着的好东西拿出来。　土耳其

正义的话能截断江河，和蔼的话能打开铁锁。　土耳其

善言能息怒。　英国

欣慰的话比冰水更能降温。　英国

口吐甜言蜜语，难使嘴巴变甜。　美国

没有嚼烂的饭不忙吞，没有考虑的话不要乱说。　土耳其

年长者齿钝而舌利。　俄罗斯

舌伤要比刀伤痛。　土耳其

被流言中伤比被捅了一刀还难受。　土耳其

被刀砍伤总还有长好的时候，被恶语中伤则创伤永留。　土耳其

舌固然不是钢刀，但是锋利能伤人。　英国

人们不但用舌助嚼，而且用舌刺人。　芬兰

狡猾之舌比长剑还可怕。　芬兰

甜言蜜语是杀人不见血的剑。　俄罗斯

舌头有时会把智慧引入迷津。　芬兰

一条舌头甚至能够把人引到金碧辉煌的圣殿。　土耳其

好话连铁门也能打开。　土耳其

舌头通天下。 德国

甜言蜜语，不会无毒。 德国

蜜糖在口，恼恨在心。 德国

聪明人的嘴巴紧。 德国

该说话的时候就说话，不该说话就当哑巴。 俄罗斯

纵然是金玉良言，也要讲的是地方。 德国

舌头干的也不都是好事。 德国

射出去的子弹抓不住，说出去的话逮不着。 俄罗斯

没有思想的语言等于无的放矢。 法国

有时不回答就是回答。 俄罗斯

有时觉得不说比说还困难。 土耳其

用智慧说话，话就不会多了。 德国

沉默有时比许多话更有说服力。 德国

说话是银，沉默是金。 英国

闭着的嘴巴飞不进苍蝇去。 意大利

别说话，舌头不会因而得病的。 德国

要是说了自己不该说的话，就会听到自己不愿听的话。 英国

想说什么他就说什么，那么就必然不爱听什么他就得听什么。 土耳其

舌头能做到的，双手却无能为力。 土耳其

语言总是随着思想变。 英国

听一个人的话，就是看一个人的心。 土耳其

语言是一个人的面目。 土耳其

狗叫狗的，商队走商队的。 土耳其

言语和羽毛会被风吹走。 英国

讲一次之前要听两次。 英国

对说话要少，对自己说话要多。 德国

说得多不一定说得中肯。 英国

靠三寸不烂之舌，不可能赢得人们的尊敬。 芬兰

三寸之舌能驱使五尺之躯。 俄罗斯

对粗鲁的话莫生气，对温柔的话别投降。 俄罗斯

漂亮的言辞常常是为掩饰败劣的行为而说的。 英国

乌鸦不会因为大家诅咒它们而死光。 芬兰

责难不随死人装入棺材。 芬兰

玩笑可开，要知限度。 德国

由于一句话，会吵一世架。 俄罗斯

笑话里头露真言。 英国

嘴巴非大门，用锁锁不住。 俄罗斯

鹦鹉会说话，但终究成不了人。 土耳其

一句话会把自己弄成个傻瓜。 芬兰

亲朋说给亲朋，消息很快传遍全村。 芬兰

坏消息不会躺在原地。 德国

丑闻无脚跑得快。 土耳其

两个人的谈话，口袋里藏不住。 土耳其

话在嘴里是你自己的，话说出口是人家的。 英国

话从来不怨自己腿短。 芬兰

耳闻的总比眼见的要多得多。 芬兰

不要去断言办不到的事。 土耳其

不能以一番讲话判定一个人的优劣。 土耳其

天下有那么多的坏话，就有同样多的好话。　芬兰

传说就像放大镜，会把什么都夸大的。　德国

为了说得明白有理，不怕苦苦思索一个星期。　芬兰

心中所爱的事物嘴上说得多。　土耳其

不信耳朵听流言，相信双眼看实践。　俄罗斯

不会有无原因的行动。　德国

要是我们愿做的不能做，那么我们能做的就一定要做。　英国

不说没有在场的孩子的坏话。　土耳其

心中期待的话，听起来格外舒爽。　俄罗斯

越是受人款待，越是应该说真心话。　法国

鸟儿唱歌是自己出卖自己。　俄罗斯

祷告上帝没有用，还得自己把手动。　俄罗斯

听人吹得天花乱坠，不如自己见识见识。　俄罗斯

牛因犄角被抓住，人因舌头陷自身。　英国

巧言可以粉饰恶行。　英国

绳好在长，话好在短。　俄罗斯

给人带来灾难的是舌，给畜带来灾难的是角。　俄罗斯

空话多说没意思，拿出实货才是真本事。　俄罗斯

多掌握知识，少空说白话。　德国

空谈使真理黯然失色，实践使真理倍增光辉。　俄罗斯

整天咋咋呼呼，工作没甚效果。　法国

叽叽喳喳，工作必差。　德国

话多，成事必少。　德国

聪明人并不是说话多的人，而是不说废话的人。　俄罗斯

话多的地方真理少。　土耳其

不考虑就说话，就是不瞄准就射击。　俄罗斯

废话说不烂嘴巴。　土耳其

吵吵嚷嚷的人，必与愚蠢为伴。　英国

宏辞并非雄辩。　英国

是吹牛家就不是个好军人。　德国

靠吹牛打不赢仗。　俄罗斯

吹牛不上税，爱怎么吹就怎么吹。　土耳其

吹嘘不比割麦，背脊不会淌汗。俄罗斯

别去同牛皮客争论问题——你马上就会被搅昏头的。　土耳其

吹得太多的人走到哪儿也不受欢迎。　土耳其

小鸡没有孵出之前，是算不得小鸡的。　英国

鱼还没有捉到，不要先嚷嚷鱼味好。　意大利

鱼未抓到，就叫嚷准备佐料。　英国

不能拿还在海里的鱼做生意。　土耳其

不能分配还没有打到手的熊皮。　俄罗斯

没有跳过去之前先别喝彩。　法国

别在走出森林以前欢叫。　英国

只有放到餐桌上时，才能夸耀自己的收成。　土耳其

空话装不满升斗。　英国

用空话缝不起毛皮大衣。　俄罗斯

空话之上盖不起房子。　土耳其

光说空话造不起桥来。　芬兰

空话填不饱肚子。　土耳其

用寓言喂不饱夜莺，用空谈填不饱肚子。　　俄罗斯

靠嘴巴盖不起一间房，用空话织不成一张网。　　俄罗斯

空谈一场，庄稼不长。　　美国

闲话是块没炖烂的肉皮，你扯到哪里，它就拉到哪里。　　土耳其

老妈妈坐车自己也不知哪里去，颠三倒四说话自己也不知是什么意思。　　俄罗斯

头脑简单的人舌头长。　　俄罗斯

蠢人饶舌，智者思虑。　　英国

饶舌之人无急事。　　俄罗斯

懒人舌不懒。　　英国

观耳知驴，观爪知熊，听话知饶舌人。　　俄罗斯

没有向你询问打听，你何必喋喋不休纠缠人！　　土耳其

你愿意听，不愁找不到饶舌的人。　　芬兰

简洁——大智的灵魂。　　英国

如果大声叫嚷能建成一座房子，那么驴子就能建设一条街。　　土耳其

空谈不如实验。　　英国

柏树高大却不会结果。无益的雄辩没有任何用处。　　英国

漂亮的言词不能掩盖着恶劣的行为。　　英国

听又长又乱的话，就像越重重林莽到天国里去。　　俄罗斯

光说空话不做事，就像花园尽长刺。　　英国

说话的巨人常常是行动的矮子。　　英国

同情的话说了一大套，资助的钱却一文不掏。　　土耳其

口劝的人多，实助的人少。　　土耳其

说大话的人可能是骗子。　　英国

不要给舌头以自由。　德国

多给舌头稀饭，少给舌头自由。　俄罗斯

喜鹊喳喳叫得响，却不知自己的窝在何方。　俄罗斯

一句话能说完的，不说几句。　芬兰

会吹的人能把苍蝇吹成大象。　俄罗斯

华美的笼子喂不饱鸟。　法国

用寓言是喂不饱夜莺的。　德国

夜莺动听的故事喂不饱肚子。　俄罗斯

空话还不了债。　英国

一万个"0"，不如一个"1"。　美国

瞄准还不是射中。　阿根廷

蛋未孵别先数小鸡。　英国

熊还未打死，谈不上分熊皮。　法国

天空的老鹰，不如手里的麻雀。　西班牙

隔手的金子，不如到手的铜。　法国

一鸟在手胜于两鸟在林。　美国

今天一只蛋，胜于明天一只鸡。　英国

一副诚实的外表，掩盖着许多缺点。　英国

与其靠虚言而得荣华，不如依真实而处艰难。　丹麦

口若悬河，不能证明真有才智。　英国

最会夸夸其谈的人也最会说谎。　英国

最爱自吹自擂的人，是最大的说谎者。　英国

拙劣的舞蹈者总是埋怨地面不平。　英国

跳舞不好的人，总是抱怨自己的鞋子。　比利时

光说不做的人，犹如长满野草的花园。　　英国

轻浮的印象最容易飞扬。　　英国

空中的气球好看不好用。　　英国

大腹便便，头脑空空。　　英国

聪明的人把言语当筹码，傻瓜把言语当真钱。　　英国

言是叶，行是果。　　英国

多叫的羊吃草少。　　法国

叫得多的鸡，下的蛋少。　　德国

雷声大，雨点小。　　英国

话再多也装不满桶。　　英国

允诺·信任·信用

众人信赖的人是最可靠的人。　**俄罗斯**

诚实人说到哪里就一定做到哪里。　**土耳其**

生命和信任只会失去一次。　**俄罗斯**

好汉说的话落在铁板上也能烙下深痕。　**土耳其**

不要轻言，言则必信。　**英国**

不轻易开口说话的人，说出来的话不会落空。　**土耳其**

随口允诺者，并非真能助人者。　**荷兰**

最难答应的人，在履行的时候就会是忠诚的。　**法国**

说得少的人会兑现得快。　**英国**

未作诺言之前，应该再三思考；既作诺言之后，必须说到做到。　**德国**

许诺重于千金。　**俄罗斯**

履行了诺言犹如还清了欠款！　**英国**

慢许诺，快兑现。　**英国**

许诺容易守信难。　**土耳其**

履行诺言是名誉的保证。　**法国**

宁可吃亏，不可食言。　**俄罗斯**

当面答应你，转身就忘记。　英国

许愿太多的人是什么也不会给办的。　英国

千万不要轻信漂亮话。　英国

轻信的人最容易受骗上当。　芬兰

舌长者手短。　英国

但愿你是自己话语的主人。　土耳其

要对所有的人都无私公正，但是切莫对一切人都委以信任。　英国

要是考验之前你就信赖，临终之前你就后悔。　英国

弯曲的桦树留不住雪，不善良的人常食言。　俄罗斯

好听的诺言不能当饭吃。　英国

宁可拒绝百次，也不要有一次失信。　俄罗斯

婉言谢绝胜过无心允诺。　英国

别许诺给在天上的仙鹤，而应给能到手的麻雀。　俄罗斯

如果答应了给孩子饼子，那就不要食言。　俄罗斯

连猴子都不会因空口诺言而跳起舞来的。　俄罗斯

你许了愿，时隔三年人家还在等着你去兑现。　俄罗斯

没有履行的诺言好比是草叉写在水上的文字。　俄罗斯

伪善者的话不可信。　土耳其

人不守信用，无异于叫旁人对他不要信任。　英国

失去信用的人等于已经死了。　英国

失掉信任，无可弥补。　俄罗斯

朋友之间缺信任，友谊必然受损害。　俄罗斯

激动时订下的盟约，冷静下来就会告吹。　英国

充分相信自己，就不怕有人出卖。　英国

多信自己眼，少信他人言。　俄罗斯

有借有还信用在。　土耳其

善辩者的话既美丽，又鲜艳，就是褪色太快。　俄罗斯

别信听到的，应信看到的。　俄罗斯

可不能相信敌人的微笑。　俄罗斯

违反誓言的人是不会相信誓言的。　俄罗斯

好怀疑者难生活。　俄罗斯

没有比信任更可贵的了。　俄罗斯

彼此约定贵过金钱。　俄罗斯

信用重于黄金。　德国

答应了就要做到。　法国

随口允诺的人，并不是真能帮助人。　荷兰

定约容易践约难。　德国

三思之后作诺言，诺言已作要兑现。　俄罗斯

宁可失钱，不可失信。　英国

信用是成功的伙伴。　英国

信用之落地，如镜之破碎。　欧洲

朋友需要你今天帮助，千万不要推到明天。　俄罗斯

允诺最慢的人，也就是履行诺言最忠实的人。　法国

政客担心下一次选举，政治家担心下一代。　英国

既然太阳上也有黑点，"人世间的事情"就更不可能没有缺陷。　俄罗斯

当人抛弃信仰时，可望搬进迷信来。　德国

一个人要办成事，首先对自己要有信心。　南斯拉夫

信心是命运的主宰。　美国

自信为英雄品质之本。　英国

信心比天才重要。　希腊

自信是走向成功之路的第一步。　欧洲

技能和信心是无敌的军队。　英国

信心可以移山。　英国

讲究卫生是美德。　英国

清洁近乎圣洁。　英国

家家门前打扫干净，就有清洁的城市。　英国

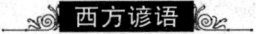

矛盾·因果·转化

太快和太慢往往同时到达。　英国

黑母鸡生的却是白蛋。　法国

偶像崇拜者为歌功颂德烧的香，熏黑了偶像。　法国

在专横支配一切的地方，天才必遭扼杀。　俄罗斯

危险是安全的紧邻。　英国

悠闲舒适的生活使人无所作为。　英国

有阳光就有阴影。　英国

莫道瘦马不起眼，上路一跑可漂亮。　俄罗斯

没有坏处也就没有好处。　俄罗斯

回想以往的伤心事会使今天更快乐。　英国

天下没有绝对的坏事。　英国

好事过头反成坏事。　英国

张久需弛，弛后需张。　英国

暴徒往往是懦夫。　英国

磨刀莫过分，过分崩刀刃。　德国

成熟得慢的往往是好果子。　德国

一个真正的笑话并非笑话。　英国

别人看自己比自己看自己看得清。　英国

受过挫折的人或许会取得成功。英国

鹰毛做成的羽箭射中了鹰。　土耳其

燃得烈，灭得快。　土耳其

要提防耐性人的激怒。　英国

博学常伴有愚行。　英国

伟大的才智常与愚行联结。　英国

温和的狗不会给牲口群带来任何好处。　土耳其

对一部分人是天堂的地方，对另一部分人是地狱。　英国

酷爱清洁的狗还是不得不吃脏烤饼。　英国

乞丐可以当着偷儿的面开怀歌唱。　英国

光膀人不怕被人拦路抢劫。　俄罗斯

尽快人能找到比大家更多的空闲。　英国

鞋匠妻子的脚上的往往都是破旧的鞋。　英国

肉总是吃得近乎只剩骨头时最香。　英国

菜总是吃得只剩一点的时候，味道就特别香起来。　俄罗斯

不可能同时又吹口哨又喝水。　英国

不可能同时既纺纱又绕线。　英国

又要煎鸡蛋，又舍不得把鸡蛋打破。　英国

又不把鸭赶上岸，又要池子水不混。　土耳其

旅人要的是大路，而青蛙要的是水洼。　土耳其

厨师一多反而把汤煮坏。　英国

七个保姆管一个孩子，这孩子就没有人管。　俄罗斯

一只船两个船长就会把船开到水底去。　土耳其

怒涨了的江河好运货。　俄罗斯

左挑右拣，结果一无所获。　俄罗斯

饶恕敌人是一种最好的报仇方法。　英国

常来常往会增进友谊，然而过分频繁的来往则会损害友谊。　英国

知足是最大的财富。　英国

宁笑在最后，不笑在第一。　英国

雪白的衣服容易脏。　土耳其

遥程路反近，捷径常误人。　英国

出语难听，不一定心怀恶意。　英国

最干净的布上，污迹最显眼。　意大利

亏是盈的伴侣。　土耳其

不怕亏本就不会亏本。　土耳其

狡猾的结局必然是愚蠢。　土耳其

真实的东西比臆想的东西还要奇特。　英国

河里淹死水性好的汉子。　英国

准备战争是保卫和平的有效手段。　英国

饱腹的鸽子吃甜樱桃吃出了苦味。　英国

每天让你吃蜜饼，也会把你的胃口吃倒的。　土耳其

巨大的财富是沉重的枷锁。　意大利

水越清，鱼越少。　英国

没有阴云，就不觉得阳光可爱。　英国

割去牛尾巴，才知道牛尾巴的可贵。　英国

最大的便宜就是最大的吃亏。　英国

没有在沙漠里干渴过的人，不会知道水的真正价值。　俄罗斯

光是黑暗中诞生的。　土耳其

花园总生草，有利必有弊。　英国

一只苍蝇和一只大象是互相害怕的。　美国

孔雀的羽毛虽美，但脚却很脏。　英国

越是意料不到的事情，越容易发生。　英国

远火照明，近火炙人。　英国

招灾惹祸易，清灾免祸难。　俄罗斯

温和的命令藏有巨大的力量。　英国

极端的事长不了。　英国

要求过高反难成功。　英国

偷猎的老手当起护林人来，林子就万无一失。　英国

傻瓜的匆忙并不是速度。　英国

叫得厉害的羊出的羊毛少。　英国

遭过恶的害的人最知道善好。　英国

芦苇顶住了风暴，而大树却在暴风中倒掉。　英国

有什么样的肉，就有什么样的汤。　德国

来什么样的客人，就准备什么样的筵席。　德国

有什么样的亚麻丝，就织出什么样的亚麻布。　德国

谁煽起风，谁就会遭烟熏。　俄罗斯

哪里有花，哪里就有蜜。　俄罗斯

哪里有花，哪里就有蝴蝶。　俄罗斯

哪里有针，哪里就会有线。　俄罗斯

哪里有鸟兽的尸体，哪里就有苍蝇聚集。　德国

好斗的公鸡不会肥。　俄罗斯

一条臭鱼一锅汤。　英国

一只苍蝇坏了一瓶香油。　英国

一只生癣的羊会把一群羊都毁了。　英国

一个坏蛋能把一堆蛋都糟蹋了。　英国

最后加根草，压断骆驼腰。　英国

杀了会下金蛋的鹅，取出的是最后一个金蛋。　英国

破锁招来撬锁人。　英国

基础崩溃了，房子自然立不牢。　土耳其

狼饿慌了见狮子都会扑上去撕咬。　土耳其

有什么样的种子，就有什么样的果实。　俄罗斯

没有雪，也就不会有脚印。　俄罗斯

你不挥棍狗不吠。　俄罗斯

猛药除痼疾，有非常的办法才能解决非常的问题。　英国

无贼不失窃，无因不生事。　英国

强有力的理由产生强有力的行动。　英国

缄默有时是最严厉的批评。　英国

给别人做圈套的人，常落在自己的圈套里。　墨西哥

惩罚是对于不道德者的正义。　俄罗斯

想抓住一切，意味着失掉一切。　英国

心想统统到手，结果往往都丢。　英国

样样都要，结果一样也得不到。　英国

有水磨才转，但水过猛就会冲毁磨坊。　英国

饥饿的人发现不了烹调上的差错。　英国

信仰得快，变化得快。　英国

必须往后退几步，才能往前跳得远。　法国

有赚就有赔，有利就有弊。　俄罗斯

事情过度必有害。　德国

有规则就有例外。　英国

货物好，生意就兴隆。　意大利

极端正确也就是极端错误。　意大利

爬得越高，摔得越疼。　英国

好走极端必多错。　英国

涨潮必有退潮时。　英国

凡事都是有一定的分寸。　英国

做事过分就不好。　法国

什么事情都不要做得太绝。　法国

过锐的刀斧容易钝。　德国

在地狱中，人能创造天堂；在天堂中，人能创造地狱。　法国

要求过高，反难成功。　英国

适可不已，前功尽弃。　西班牙

加上一滴水就会引起大风波。　法国

过分的称赞会损害友谊。　**波兰**

过分劳累于人无益。　**美国**

厨子成群，煮坏肉羹。　**英国**

任其自由必自取灭亡。　**美国**

过分的行为导致灾祸。　**意大利**

忍耐到了一定的限度的时候，忍耐不再是一种美德了。　**英国**

崇高与荒谬，只隔一层纸。　**英国**

伟大到可笑，只有一步之差。　**俄罗斯**

多少·大小

大颗的雨下不久。　　**俄罗斯**

猫对于鼠来说是狮子。　　**俄罗斯**

大帆只有劲风才能鼓得起来。　　**俄罗斯**

斧子虽小，却能放倒大树。　　**俄罗斯**

蚁垤虽小，能翻大车。　　**俄罗斯**

狮子只怕蚂蚁。　　**俄罗斯**

小事须当大事做。　　**俄罗斯**

滴水聚集就能成湖。　　**俄罗斯**

蜜蜂虽小，可酿出的蜜很甜。　　**俄罗斯**

无论头上有多少头发，用剃刀就能把它们刮掉。　　**俄罗斯**

小泉之水，也能解渴。　　**德国**

小小火星能燃起熊熊大火。　　**德国**

蜜蜂一只，好过苍蝇一群。　　**德国**

蚂蚁虽小，但能挖山。　　**俄罗斯**

湖深毕竟有底，山高终究有顶。　　**俄罗斯**

多而差不如少而好。　　**俄罗斯**

荨麻虽小，但能咬人。　德国

马的步子大，骆驼的脚掌大。　俄罗斯

夜莺虽然小如指甲，但唱起歌来比任何鸟动听。　俄罗斯

狮子也能被卡在喉咙里的小骨头卡死。　俄罗斯

针虽然小，但刺起人来很痛。　俄罗斯

铜块虽大，人们只用来焊铁锅；金块虽小，可人们把它别在胸前。
俄罗斯

一滴水于大海也是有用处的。　俄罗斯

比骆驼大的还有象。　土耳其

要是把骆驼身上的尘土打下来，那就够驴子收集一驮包。　土耳其

给得少的人是出自内心，给得多的人是出于财富。　土耳其

谁不满足于少，谁就得不到多。　土耳其

小驴子谁人都要骑。　土耳其

滴水汇流成海，草茎集聚成垛。　俄罗斯

蚊虫很小，却吸人血。　俄罗斯

山上的羊比田里的牛高。　俄罗斯

大驴终究成不了象。　俄罗斯

不管青蛙如何鼓胀，离犍牛的大小还远着呢。　俄罗斯

个儿小，可灵魂未必不伟大。　英国

铃小而声响。　德国

骆驼虽大，却对付不了蚂蚁。　英国

舌小，可会闯大祸。　土耳其

小石块也能颠翻大马车。　德国

做菜盐多不如盐少。　俄罗斯

光骨头连狗也不啃。　俄罗斯

老鹰不可能飞得比太阳高，耳朵不可能长得比额头高。　俄罗斯

鼠小而牙利。　俄罗斯

小鸽子能传递大消息。　英国

即或有几个小窟窿，也能使大船渗满水。　德国

从一个小空里也可以窥见白昼。　英国

大船在深水中才能行驶。　英国

不会做小事的人，也做不出大事来。　俄罗斯

片云足以遮全日。　英国

入林越深，木柴越多。　俄罗斯

蟋蟀不大，可鸣声嘹亮。　俄罗斯

常情·常理

喝饱泉水的人常常忘记了泉源。　西班牙

单方面的礼貌不会久长。　英国

种的是仙人掌，别指望收葡萄。　土耳其

黑面做不出白馍馍。　土耳其

瘦肉煮不出油汤来。　土耳其

树都是从根部先烂。　土耳其

既是靴子就难免落上尘土。　土耳其

水运流而泥沙沉。　土耳其

吃了石榴就不想接着吃萝卜了。　土耳其

炭窑里走出来的都是黑面人。　土耳其

抓不住赃，还不能算抓到了贼。　俄罗斯

山大则雾浓。　土耳其

眼睛大的人不一定看得清。　英国

你能强迫一个人合眼，但决不能强迫他入睡。　丹麦

一个志愿者比得上两个被强迫者。　英国

要是不情愿给你办事，取个勺子要花一个小时。　俄罗斯

晶莹的杯子喝起水来都觉味儿美。　土耳其

空钱包里藏着的是一颗沉重的心。　俄罗斯

每个厨师都觉得自己做的汤好吃。　英国

算命的不骗算命的。　土耳其

没有面包没有盐，说起话来没有劲。　俄罗斯

要笑别人背驼，自己先要把身子挺直。　英国

淹在水中的人连根草也想抓住救命。　英国

每匹马都认为自己背上的麻袋最沉。　英国

人在得意时，跳舞格外美。　英国

当你笑时，仿佛世界与你同欢；当你哭时，只有自己独门悲伤。　英国

大海不会因为狗吠而不汹涌。　土耳其

空屋留不住老鼠。　德国

鸟从空中摔不死，鱼在水中淹不死。　德国

各人都有自己的拿手好戏。　德国

坏消息往往是真实的。　英国

坏消息经常迟到，好消息向来及时。　德国

带来好消息的人敲门响。　英国

有罪之人连自己的影子都怕。　德国

已经从磨坊流出来的水，不可能再回去推磨。　英国

路总难免有坎坷。　英国

人人都有自己的伤心事。　英国

不可能每天都是圣诞节。　英国

卖油人的手指难免沾上油污的。　英国

人们只向结果的树扔石头。　英国

再没有比人的想象那样自由的了。　英国

有夜晚的地方，也总会有早晨。　土耳其

好蜜前头买主多。　土耳其

活人帮不了死人的忙。　土耳其

活人总是想活人的事。　俄罗斯

每个人都在等待自己的季节：卖冰棍的等待夏天，卖木炭等待冬天。

土耳其

尊敬谁，就会听从谁。　土耳其

没梁柱，屋顶就没有支撑。　土耳其

会做笔的人就不会打刀。　土耳其

夜莺也不能一年四季天天歌唱。　土耳其

对他寄予希望，才会有对他的抱怨。　土耳其

一花不成春。　土耳其

一箭射不中双鸟。　土耳其

人在河边住，不找泉水喝。　土耳其

河边做的梦总是水波荡漾的。　土耳其

条条道路通罗马。　英国

对局中总是名望大的一方容易占上风。　芬兰

骑马的和步行的聊不成天。　芬兰

正在撕咬的狼不会来偷羊。　芬兰

吃空了的鸡蛋不值半文钱。　俄罗斯

处在锤砧之间，难免上下受击。　俄罗斯

醉汉心里想什么，嘴里就说什么。　俄罗斯

盘中最后的一块，谁也不好意思吃。　俄罗斯

惊弓之鸟，看见丛林心里都害怕。　俄罗斯

各样种子都有自己的季节。　俄罗斯

眼睛不可能长得比前额更高。　俄罗斯

焦急地盯着看的锅，里头的水就是不会开。　英国

奇事新鲜也只在开头几天。　英国

既然是苹果树，树下就会有苹果。　俄罗斯

谷子多的地方鸡才多。　土耳其

反抗是自然的，甚至一条虫也会翻身。　英国

倾杯水于大海，徒劳无功。　英国

水中可以见己面，酒中可以见人心。　英国

人的品格像鸟类的羽毛千差万别，各式各样。　俄罗斯

以前淌过水的沟，总还会淌水的。　土耳其

茅草燃得快，也熄得快。　土耳其

梨甜自落地。　土耳其

脑袋砍下来就接不上去了。　土耳其

常走的路长不起荒草。　土耳其

最后一个不见得是最不重要的。　英国

链条最不牢靠的总是最细弱的一环。　英国

绳子总在细处断。　俄罗斯

浑水里的鱼好抓。　英国

油不会把稀饭毁坏的。　俄罗斯

谁也不会往烂木板上敲钉子。　土耳其

停滞的水会发臭。　英国

最好的东西一腐烂，就成为最坏的东西。　英国

不是每根绳子都会用来做绞索的。　土耳其

冰上不建房。　土耳其

水中的缺点天空不会有，天空的缺点水中不会有。　土耳其

不是从每棵树上都能摘到果子的。　土耳其

不是每个苹果都是甜的。　芬兰

不是所有的树都能砍来造船。　俄罗斯

一双鞋不能合所有的脚。　英国

不可能用一种尺度衡量一切。　英国

山越高，谷就越深。　英国

弓长久弯着，发射就无力。　英国

无骨之肉世间无。　土耳其

没有不带刺的玫瑰。　德国

带刀的不一定就是强盗。　英国

雪总是白的，但白的不一定是雪。　土耳其

两人骑同一匹马，总有一个骑在后面。　英国

两粒芥籽之间不值得挑拣一通。　英国

洋姜不比萝卜甜。　俄罗斯

杯中的风暴，掀不起大浪。　英国

要是只只蜜蜂都酿蜜，那么地面就处处蜜汁流淌了。　土耳其

最好的防御是进攻。　英国

麦一抽穗，镰刀就贵重起来。　土耳其

不能同时走两条路。　英国

一湖有一湖的鱼。　土耳其

各种飞鸟都有自己的习性。　英国

每只牲畜都有自己的毛色。　俄罗斯

百人百样味，人各有所好。　英国

世界上找不到口味和爱好绝对投合的两个人。　俄罗斯

牛顿是牛顿，莎士比亚是莎士比亚，两者不能变来变去的！　英国

天不因为盲人看不见它而不蔚蓝了。　英国

脚跨得太远就收不拢来。　英国

有鸡叫的地方就有村落，有狗叫的地方可以借宿。　芬兰

个别的例子不能概括全体。　英国

千差万别，方成其为世界。　英国

喂草架不会向马靠拢。　德国

弯曲的木头，烧起的火焰却是直的。　英国

只要是谷类，就都有秕糠。　英国

两把刀插不进同一个鞘里。　土耳其

酸苹果种在哪儿也不怕被人摘掉。　英国

并不是所有的云层都会下雨。　英国

不能所有的人都获第一名。　英国

相貌不中看的不都是骗子手。　俄罗斯

一茎轻微的禾草也可以告知你大风的趋向。　英国

用针挖不出井来。　土耳其

黑色的东西再不能染上其他颜色了。　英国

最高的树也最怕雷电闪击。　英国

心里希望着的事物最易相信。　英国

共同使用的马掌磨损得最厉害。　英国

不能讨得天下所有人的欢心。　俄罗斯

同一个人不会处两次绞刑。　德国

一劳永逸的办法是没有的。　英国

没有事找事的人才会烧了房子又盖房子。　土耳其

汤的味道不好，盐是帮不了大忙的。　土耳其

玫瑰会谢，其刺不凋。　德国

花木枯槁，浇水无效。　俄罗斯

绳子再长，总有个头。　俄罗斯

没有人人合口味的菜。　英国

路必有弯，事必有难。　英国

一个人活一百岁也走不遍原野。　俄罗斯

人总有不如意之处。　英国

贫穷·富裕·节俭

宁可清贫受人敬，不可家富有臭名。　芬兰

爱钱的人不自爱。　土耳其

贫困不是一种过错。　德国

没有穿草鞋的，就不会有穿丝绒的。　俄罗斯

穿树皮鞋的打猎，穿皮靴的吃肉。　芬兰

贫困是一切技艺之母。　英国

金钱是冷酷的伙伴。　芬兰

借债是烦恼的开端。　英国

没有一个人是通过诚实的途径而成暴发户的。　芬兰

宁愿在穷人的房梁上过活，也不在财主的皮靴下求生。　芬兰

穷汉口袋虽空，但心地是踏实的。　土耳其

贫穷不可耻，偷窃方为羞。　英国

宁可做穷人，不可做坏人。　英国

成为穷人还不可怕，但不要成为孤立无援的人。　芬兰

贫困迫使人和睦相处。　芬兰

什么也没有的人就什么也不会失去。　土耳其

在穷人的船上吃饭，调味又好，鳊鱼又宽。　芬兰

北风总是找着那些没有皮大衣的人。　芬兰

别因为怕贫困而割舍自由。　英国

借债过日子，就像漏船在河中。　芬兰

贫困能教会人一切。　土耳其

梦是流浪者的宝库。　土耳其

在旷野里饿起来连小甲虫也是肉，在无鱼之地馋起来连虾也是鱼。
俄罗斯

穷人家的母鸡下蛋少。　土耳其

乞丐永远没有破产之虑。　英国

有的人在需要金钱的时候，就不惜出卖自己的灵魂。　芬兰

有钱的富农不认亲戚。　德国

送东西给富翁就像提水倒入大海。　土耳其

泥土里埋着医生的过错，财富里藏着富人的罪恶。　英国

守财奴宁可赤膊饿肚皮，也舍不得掏腰包。　英国

越富有越贪婪。　英国

活着吃得像帝王，死时穷得要讨饭。　英国

对于有心人来说，没有哪样东西是无用的。　法国

多大的鞘插多大的刀，收入多少就支出多少。　俄罗斯

衣袋早捏紧，何必求借于人。　俄罗斯

省一文钱，等于挣一文钱。　英国

看见囤底，节约已迟。　英国

积蓄要学蚂蚁样。　土耳其

节约要比挣钱难。　德国

用钱要节省，有时防无时。　俄罗斯

善于积蓄的人在困难的日子才能应付自如。　英国

东南西北捡捡线，光膀穿上新衣衫。　俄罗斯

节俭本身就是一宗财产。　英国

量才而用，量入而出。　法国

节俭两字，为富之秘诀。　英国

储蓄乃是大财富。　德国

马是由驹子长大的，钱是由一戈比积多的。　俄罗斯

节约便士，英镑自然会积累起来。　英国

借债是烦恼的开端。　英国

负债是无底的海洋。　英国

穷人无债胜王子。　英国

积小利，成巨富。　英国

不知节俭的人，不能致富。　德国

当心一分一毫之使用，因为漏水可以沉大船。　美国

有钱大鱼大肉，无钱喝西北风。　英国

披着破大氅的，往往是个好酒徒。　西班牙

金钱积少成多。　英国

勤劳是穷人的财富，节俭是富人的智慧。　英国

乞丐的口袋是无底的洞。　英国

奢侈乃德义之灭亡。　瑞士

须以节俭积蓄为重。早晨的太阳，是不能终日永照的。　英国

节俭是致富的秘诀。　英国

节俭本身就是一宗财产。　英国

有一文就省一文免得无钱的时候泪涔涔。　俄罗斯

节俭并非吝啬。　俄罗斯

事未来前先商量，囊中未空先节俭。　**土耳其**

有钱想到无钱时，困难来了不发愁。　**俄罗斯**

肚饱时不忘饥饿，有钱时不忘贫困。　**俄罗斯**

宁可少吃不负债，决不好吃债缠身。　**英国**

节俭等于增加收入。　　**英国**

借债时笑容满面，还债时哭丧着脸。　**土耳其**

慷慨·贪婪·吝啬

慷慨无须用言辞来证明自己的热诚。　土耳其

如果费用都由他人支付，这样的慷慨人最好做。　德国

慷他人之慨，那个都会豪爽痛快。　英国

慷慨者不夸耀自己的赠品，壮士不否认自己说的话。　俄罗斯

贪婪是个无底桶，任凭什么也填不满。　德国

贪婪——恶德之母。　德国

贪心是一切邪恶的根源。　英国

老想发财的人，连夜里也睡不安生。　俄罗斯

贪婪的人苦恼多，知足的人心安乐。　俄罗斯

母鸡想吃一堆谷，可惜嗉子太小了。　俄罗斯

什么也不奢求的人最富裕。　英国

贪心汉能剥虱皮到市场出售。　英国

贪心汉连石头也要剥层皮。　英国

财越多，人越贪。　英国

贪爱金钱是万恶之源。　英国

贪心太重的人不会受到人们的敬重。　芬兰

贪婪的眼睛大概只有沙子才能填满。　芬兰

畜生嘴馋不厌多，财迷贪财总嫌少。　英国

小贪心会带来大危害。　土耳其

贪婪的人肚胀眼还不饱。　土耳其

贪婪的人总是嫌少。　土耳其

肚饱的猫眼还是馋的。　土耳其

向守财奴讨钱等于在海里挖个坑。　土耳其

吝啬的人卑躬屈膝过一生。　土耳其

守财奴只有到坟墓里才会感到满足。　土耳其

吝啬鬼连头发丝儿也要掰成两半。　芬兰

黑暗的晚上道路远，吝啬的人朋友远。　俄罗斯

宴客吝啬者，朋友离得远。　俄罗斯

偷窃者不会发财，吝啬者不会长胖。　俄罗斯

吝啬鬼的血都不会从伤口里淌出来。　俄罗斯

吝啬鬼从来不吃饱的。　俄罗斯

慷慨好施者的口袋里总是有钱的。　俄罗斯

天上的星星还比吝啬者的金钱离人近一点。　俄罗斯

与其去找吝啬的财主，不如去找善心的高山。　俄罗斯

吝啬者觉得一个硬币是整个宇宙。　俄罗斯

宁愿从母鸡那里挤得点奶，也不从吝啬鬼那里求取什么。　俄罗斯

对大方的人来说世界很辽阔，对贪婪的人来说世界很狭窄　俄罗斯

大方的人不会装穷，善跑的马不会装饿。　俄罗斯